KB040825

물러나다
촘스키, 다극세계의 길목에서 미국의 실패한 전쟁을 돌아보다

초판 1쇄 2023년 2월 28일 발행

지은이 노엄 촘스키, 비자이 프라샤드
옮긴이 유강은
펴낸이 김성실
책임편집 김태현
표지 디자인 디자인 · 소년
제작 한영문화사

펴낸곳 시대의창   **등록** 제10 - 1756호(1999. 5. 11)
주소 03985 서울시 마포구 연희로 19 - 1
전화 02)335 - 6121   **팩스** 02)325 - 5607
전자우편 sidaebooks@daum.net
페이스북 www.facebook.com/sidaebooks
트위터 @sidaebooks

ISBN 978 - 89 - 5940 - 802 - 3 (03300)

잘못된 책은 구입하신 곳에서 바꾸어드립니다.

물러나다

촘스키,
다극세계의 길목에서
미국의 실패한 전쟁을
돌아보다

노엄 촘스키, 비자이 프라샤드 지음
앤절라 데이비스 서문 · 유강은 옮김

The Withdrawal

Iraq, Libya, Afghanistan, and the Fragility of U. S. Power

시대의창

지금 우리는 최후의 미군이 베트남을 떠난 이후 가장 심각하면서도 갑작스럽게 대외정책의 공백에 직면했다. 권위는 사라졌다. 뿐만 아니라, 지금까지 어떤 일이 벌어진 건지, 그리고 미래가 어떻게 펼쳐질지에 관한 설명도 온통 공백 상태다.

노엄 촘스키와 비자이 프라샤드는 지금 이 순간을 설명하기에 가장 적합한 분석가들이다. 지식인이자 비평가인 두 사람의 저작은 여러 세대와 대륙을 아우른다. 《뉴욕타임스북리뷰》에서 "지구상에서 가장 널리 읽히는 대외정책 발언자"라는 평가를 받은 노엄 촘스키는 세계 곳곳의 미국 비판자들을 인도하는 등대와도 같다. 《물러나다》에서 촘스키는 저명한 학자 비자이 프라샤드—"공식 역사와 지배적 언론이 감춰버린 빛나는 세계를 발굴하도록 도와주는" 사람(에두아르도 갈레아노)—와 손을 잡고 이 유례없는 위험과 변화의 시대의 근원에 도달하려 한다.

촘스키와 프라샤드는 재앙으로 끝난 이라크 전쟁에서 실패한 리비아 개입을 거쳐 혼돈으로 빠져든 아프가니스탄에 이르기까지 미국의 하향 나선 운동에서 핵심적 변곡점들을 추적한다.

아프가니스탄에서 미국이 힘을 행사하는 최종 순간들이 시야에서 사라지는 가운데 이 결정적인 책의 저자들은 이 잔해에서 눈길을 거두어서는 안 된다고—그리고 무엇보다도 우리가 함께 건설해야 하는 새로운 세계를 이성적으로 바라볼 필요가 있다고—주장한다.

– 뉴프레스출판사

남반구에 관한 비자이 프라샤드의 심층적인 지식과 많은 이들이 모르는 여러 사태에 대한 노엄 촘스키의 통찰력 있는 분석이 결합된 이 책은 미국의 신진기구가 '사실'이라고 세시하는 암호를 해독하는 데 도움을 준다. 이런 '사실들'은 이리크와 아프가니스탄을 포힘한 숱하게 많은 나라에서 잔인한 제국주의 전쟁을 포장하는 데 너무도 자주 활용되고 있다.

– 하이파 잔가나, 《바그다드를 꿈꾸며》와 《여행하는 여자들》의 지은이

진실은 태양과도 같아서 두 손가락으로 가리지 못한다.《물러나다》는 흔하게 조작되고 감춰진 수많은 사실과 이야기에 관한 서술이다. 우리 시대의 필독서다.

– 힐라 나지불라, 저술가이자 아프가니스탄 전 대통령
모하마드 나지불래(1987〜1992년 재임)의 딸

이 책의 제목《물러나다*The Withdrawal*》는 오해의 소지가 있다. 자칫 미국이 세계에 대한 군사 개입을 포기했다는 인상을 줄 수 있기 때문이다. 그러나 원서 부제(이라크, 리비아, 아프가니스탄, 그리고 미국 국력의 취약성)에서 드러나듯 이 책은 2001년 9-11테러에서 2021년 8월 아프간 철수에 이르기까지 미국이 대중동지역에서 벌인 군사 개입의 실상과 실패 원인을 다루고 있다. 또한 앞부분에서 미국이 최초로 패배한 전쟁인 베트남 전쟁을, 그리고 말미에 우크라이나 전쟁을 분석하고 있다.

군사력과 전쟁은 미국의 독립에서 대외 팽창, 그리고 세계 패권 확보에 이르기까지 가장 중요한 정책 수단이었다. 이런 의미에서 전쟁은 미국을 이해하기 위한 핵심적 키워드다. 미국은 2차 대전과 한국전쟁을 통해 패권을 완성했고, 1차 아프간 전쟁(1979~1989)으로 소련을 붕괴시켰으며, 1차 이라크 전쟁(1990~1991)의 승리로 미국 국민의 베트남 신드롬(대외 군사 개입에 대한 거부감)을 극복했다. 반면 베트남 전쟁으로 미국 경제의 경쟁력은 약화됐고, 대중동 전쟁(2001~2021)의 실패와 미국발 금융위기(2008), 정치 아웃사이더 트럼프의 대통령 당선(2016) 등으로 군사, 경제, 정치적 취약성이 드러났다.

그럼에도 불구하고 미국은 중동 철수 불과 6개월 만에 우크라이나 전쟁을 촉발해 러시아(와 중국)와의 대리전쟁을 벌이고 있다. 특히 당초 소련의 군사적 위협에 대응한다는 명분으로 창설된 나토가 (소련의 위협이 제거된) 냉전 종식 이후 해체되기는커녕 세계 지배를 위한 미국 주도의 군사 기구(글로벌 나토)로 변모했다는 촘스키의 지적이나, 우크라이나 전쟁으로 유럽이 미국에 결정적으로 예속된 반면 중국과 러시아는 대다수 남측

국가들과 함께 미국의 금융 지배에서 벗어난 다극적 세계 질서 창출을 추진한다는 프라샤드의 분석은 음미할 만하다. 특히 윤석열 정부가 나토 참여를 대단한 영광으로 여기는 현재의 한국 상황에서는 더욱 그러하다.

– 박인규, 언론협동조합《프레시안》이사장

이 책은 글로벌 대원로 노엄 촘스키와 인도의 진보인사 비자이 프라샤드의 대담집이다.

9-11 즈음 부시가 물었다. "사람들이 왜 우리를 미워하지?" 펜타곤 조사단이 답을 찾았다. "그들이 우리를 미워하는 건 우리가 그들에게 한 일 때문"입니다. 그리 보면 북한 사람들은 왜 저렇게 미국을 미워할까? 답은 간단하다. 미국이 "그들에게 한 일 때문이다". 그렇다면 남한 사람들은 왜 저렇게 미국을 사랑할까? 이 역시 답은 간단하다. 미국이 자신들에게 한 일을 모르기 때문이다.

주류 중의 주류 새뮤얼 헌팅턴이 1999년《포린어페어스》에 이렇게 썼다. "많은 나라가 볼 때 미국이야말로 깡패 초강대국이 되는 중이다." 그래서 촘스키는 "미국이 세계 최고의 테러리스트 국가"라고 말한다. 갤럽에서 한 번 실수를 한 적이 있다. 오바마 시절인 2013년이었다. "세계 평화에 가장 위협이 되는 나라가 어디라고 생각하십니까?"라는 질문을 했다. "미국이 압도적으로 1위였습니다. 한참 뒤처진 파키스탄이 2위였는데, 인도쪽 표 때문에 크게 부풀려진 게 분명했지요. 중국, 북한, 이스라엘, 이란이 미국에 한참 뒤처져서 3위군을 형성했습니다."

과거 냉전 시기, "무엇을 하든 간에 '러시아인들이 쳐들어온다'고 말하면 됐지요. 그걸로 충분했습니다. 복잡한 변명이 필요하지 않았어요." 현재? 마찬가지다. 또 변하지 않은 것이 있다. 냉전기나 지금이나 "유럽은 스스로의 힘으로 독립하기보다는 일관되게 미국에 종속되는 쪽을 선택했습니다".

전쟁은 하나님이 미국인에게 지리를 가르치는 방식이라고 한다. 전쟁은 미국인의 지리 수업 시간이다. 그래서 이 나라는 전쟁 없이는 살 수 없다. 베트남, 라오스, 아프간, 이라크, 리비아. 이렇게 이 책의 순서를 그냥 따라가면 된다. 아주 쉽다. 그러면 나온다. 우크라이나!

— 이해영, 한신대학교 글로벌인재학부 교수

차 례

기억을 더듬어 까마득히 거슬러 올라간 때부터 노엄 촘스키는 정부가 무력을 동원하거나 그렇게 하겠다고 위협하는 식으로 자국 세력권 바깥의 세계 여러 지역에 일관되게 관여하는 한 나라의 양심 역할을 해왔다. 우리 미국인들이 심대한 국내적 위기를 견디고 있을 때에도 촘스키는 언제나 우리가 그냥 우연히 그 경계선 안에 살고 있는 국민국가가 우리 삶에서 가장 중요한 정치적 존재라는 가정에 굴복하는 것을 피하기 위해서는 그 바깥으로 관심을 돌려야 한다고 주장했다. 그는 언제나 우리에게 미국 예외주의를 거부하라고 조언했다. 그가 초기에 쓴 〈지식인의 책무〉는 과거 어느 때보다도 오늘날 큰 울림을 준다. 특히 인종주의—아니 인종적 자본주의—가 미국인의 집단적 삶을 규정하는 사회적·정치적·문화적 제도를 구조화하는 방식과 관련된 광범위한 문제들을 다루고자 커다란 노력을 기울일 때는 더더욱 그러하다. 촘스키는 이 책에서 지정학적·역사적 맥락이 있음을 우리에게 상기시켜 준다. 공저자 비자이 프라샤드도 주장하는 것처럼, 자본주의의 발전에서 식민주의가 미친 영향과 노예무역 및 노예제가 수행한 역할은 미국만이 아니라 세계 각지에서 지속적으로 실질적인 영향을 미쳤다.

나는 수십 년간 노엄 촘스키의 책을 읽고 그의 강연도 숱하게 많이 들었지만, 2012년 12월에야 그를 직접 만날 수 있었다. 레이철 허징과 아이작 온티베로스가 '결정적저항Critical Resistance'을 대표해서 버클리음악대학에서 조직한 한 프로그램에 그와 프라샤드, 내가 참석한 때였다. 이 행사는 '결정적저항'과 LGBTQI 교도소 폐지 단체인 블랙앤드핑크Black and Pink, 사회정의를 위해 활동하는 청년 지도자를 배출하는 보스턴의 시티스쿨City School을 위해 기금을 모금하는 자리였다. 이 행사가 특히 생생하게 기억에 남는 것은 불과 며칠 전에 독감을 심하게 앓아서 과연 보스턴까지 갈 수 있을지 심각하게 고민했기 때문이다. (지난 2년간 코로나19 팬데믹을 겪은 지금은 그때 그냥 집에서 쉬었어야 했다고 생각한다.) 하지만 당시에는 나와 전 세계에 '지식인의 책무'에 관해 너무나도 큰 가르침을 준 이 역사적 인물을 만날 기회를 놓쳐서는 안 된다는 생각뿐이었다. 정말 놀라운 행사였고, 비록 내 자신이 어떤 기여를 했는지는 거의 기억나지 않지만, "급진적 미래와 자유의 가능성"이라는 주제로 펼쳐진 그날 저녁의 대화에 하염없이 사로잡혔던 기억이 난다. 토론 과정에서 우리 세 명은 노예제 이후 미국의 역사와 1980년대 이래 발전한 글로벌 자본주의의 뚜렷한 산물로 감산복합체prison industrial complex(군산복합체military industrial complex에 빗대어 데이비스가 만들어 낸 표현. 교정시설과 자본주의 산업이 밀접하게 결합된 현상을 가리킨다.―옮긴이)를 지목했고, 반제국주의 투쟁에서 이끌어낸 교도소 폐지 투쟁을 위한 교훈과 국제주의의 미래 가능성에 관해 이야기했다.

나는 언제나 그랬듯이, 특히 미국 군대가 야기한 수많은 파괴와 관련된 역사와 분석에 관한 촘스키의 방대한 지식뿐만 아니라 가식 없는 그의 풍모에 깊은 인상을 받았다. 보스턴의 추운 밤에 행사와 리셉션이 끝난 뒤—11시 즈음이었던 것 같다—그는 주섬주섬 가방을 챙겼다. 누군가 그에게 뭘 타고 가느냐고 묻자 그는 평상시처럼 버스를 이용할 생각이라고 대답했다. 그러자 그 자리에 있던 사람들 중 절반이 집까지 태워다 드리겠다고 나섰다. 하지만 그는 자기가 이런 대접을 받을 만한 사람이라고 생각하지 않았다.

여러 세대의 학자와 활동가들이 촘스키의 책과 인터뷰와 강연에 영향을 받은 지난 수십 년간—정말로 그는 미국에서 가장 돋보이는 공공 지식인이다—그는 언제나 감춰진 폭력을 밝혀내려 했다. 그저 부수적인 피해라며 굳이 찾아볼 필요가 없다고 여겨지던 폭력이었다. 가령 그는 전쟁 당시 실제로 죽은 베트남 사람의 수(공식적으로 인정된 수치는 200만 명이지만 아마 실제로는 400만 명일 게다)와 우리의 역사적 기억 속에 각인된 훨씬 적은 수(각종 여론조사와 연구에서 사람들은 대개 평균적으로 고작 10만 명이 사망했다고 생각한다) 사이에 엄청난 불일치가 존재한다는 사실을 종종 강조한다. 실제 사실과 인식의 충격적인 간극을 보면, 미국의 이데올로기가 미치는 영향 아래 국가가 지시한 뻔뻔한 인간 살육이 어떻게 태평스럽게 최소화되는지를 알 수 있다.

비자이 프라샤드와 공저한 이 최신작에서 촘스키는 미국이 벌인 추악한 전쟁이라는 주제에 관한 탐구를 계속 이어간다. 나는 오래 전부터 프라샤드가 전 지구적 투쟁에서 우리가 어떤 상황에 있는지를 더 날카롭게 인식하기 위해 진보 진영 내에서 민중의 요구를 강조하는 모습을 보아왔다. 우리 시대에 가장 중요한 두 공공 지식인이 흉금을 터놓고 나누는 대화를 읽다 보면, 우리는 미국이 철수한 직후에 아프가니스탄에서 생명과 땅과 자원이 얼마나 끔찍하게 파괴됐는지, 그리고 마찬가지로 피할 수 있었던 불필요한 이라크, 리비아 전쟁과 아프가니스탄 전쟁이 어떤 관계인지에 대한 언론의 무관심에 도전할 수밖에 없다. 시기와 정파를 막론하고 군국주의적 침략을 계속 되풀이하는 미국 공식 정책의 연속성을 강조하는 한편, 세계가 필요로 하는 미래를 만들 수 있는 유일한 길인 국제주의적 관점을 제공해주는 노엄 촘스키와 비자이 프라샤드에게 감사드리고 싶다.

앤절라 데이비스

추악한 전쟁이 남긴 유산

2021년 8월 25일, 미군은 20년의 점령 끝에 아프가니스탄에서 철수해야 했다. 탈레반이 카불에 진입해서 아프가니스탄 국가의 잔해를 장악할 때, 좋은 것은 거의 남아 있지 않았다. 이 전쟁의 사망자 숫자는 논란의 여지가 있지만, 수십 만 명이 포화 속에 목숨을 잃었다는 사실에 반박하는 이는 거의 없다(유엔의 한 연구는 공습으로 사망한 민간인 가운데 최소 40퍼센트가 어린이임을 발견했다). 아프가니스탄 공중보건부는 국민의 3분의 2가 전쟁으로 인한 정신건강 문제를 겪고 있다고 추산한다. 인구의 절반이 빈곤선 이하의 생활을 하며, 약 60퍼센트가 여전히 문맹이다. 생활수준과 문해력에 있어서 미국은 거의 성과가 없었다.

한편 탈레반은 카불에 있는 중앙은행의 금고가 텅 비어 있음을 발견했다. 지급 준비금—95억 달러—은 미국 은행들에 있었는데, 미국이 9-11 공격의 희생자 유가족에게 보상금을 주기 위해 압류한 상태였다. 미국이 점령한 시기 아프가니스탄은 해외 원조에 국가 수입을 의존했다. 2020년에는 원조 금액이 아프가니스탄 국내총생산의 43퍼센트였다.

유엔개발계획UNDP은 해외 원조가 사라지면서 국내총생산이 20퍼센트 (2021년) 감소하고 이후 몇 년간 30퍼센트까지 감소할 것으로 계산한다. 한편 유엔은 2022년 말에 이르면 아프가니스탄의 1인당 소득이 2012년의 절반 수준으로 감소할 것으로 추산한다. 아프가니스탄 국민의 97퍼센트가 빈곤선 이하로 추락하면서 대규모 기아 사태가 현실적인 가능성으로 대두될 것으로 추산된다. 미군이 아프가니스탄 땅에서 마지막으로 수행한 드론 공격이 민간인 10명이 탄 차량을 강타한 사실은 의미심장하다. 어린이 7명과 '영양과교육인터내셔널Nutrition & Education International'(캘리포니아주 패서디나에 소재한 자선 단체)의 차량을 운전하는 제마리 아마디 등이 탄 차량이었다. 미군은 처음에는 아마디가 이슬람국가ISIS 조직원이라고 말했지만, 2주일이 지나 리퍼Reaper 드론이 민간인을 죽인 사실을 인정했다. 이 범죄에 대해 어떤 군인도 처벌받지 않았다.

이 사례는 미국이 벌인 추악한 전쟁의 본질이다.

최근 들어 미국은 자신이 벌인 전쟁의 목표 가운데 어느 것 하나 달성하지 못했다. 미국은 탈레반을 몰아낸다는 목표 아래 무시무시한 폭격과 이례적으로 무법적인 용의자 소환 작전을 벌이며 아프가니스탄에 진입했다. 20년이 지난 지금 탈레반이 다시 돌아왔다. 아프가니스탄에서 전쟁을 개시한 지 2년 뒤인 2003년, 미국은 이라크를 상대로 불법적인 전쟁에 나섰다. 이 전쟁 역시 이라크 의회가 미군에 초법적 보호를 허용하는 것을 거부한 뒤인 2011년에 결국 미국이 무조건 철군을 개시하는 결과로

추악한 전쟁이 남긴 유산

이어졌다. 미국은 이라크에서 철수하던 2011년에 리비아를 상대로 끔찍한 전쟁을 시작했다. 뒤에서 이야기하겠지만, 프랑스가 앞장서고 영국이 뒤를 받친 전쟁을 결국 미국이 이어받은 것이다. 전쟁은 리비아를 포함한 지역에서 혼돈을 야기했을 뿐이다.

이 전쟁들—아프가니스탄, 이라크, 리비아—가운데 어느 것도 친미 정부의 탄생으로 이어지지 않았다. 각각의 전쟁은 민간인에게 필요 없는 고통을 낳았을 뿐이다. 수백만 명의 삶이 망가지고 수십만 명이 목숨을 잃었다. 오늘날 잘랄라바드나 시르테의 젊은이가 인간애를 믿을 것이라고 기대할 수 있을까? 자신과 동료 시민들에게 가해진 야만적인 전쟁 때문에 그 어떤 변화의 가능성도 사라졌다고 개탄하면서 마음의 문을 닫아버리지 않을까?

미국이 세계 최대의 군대를 보유하고 있으며, 세계적으로 투사된 기지 구조와 공군력·해군력을 이용해서 원한다면 언제든지 어느 나라라도 공격할 수 있다는 것에는 의문의 여지가 없다. 하지만 무력으로 정치적 목적을 달성하지 못한다면 무지막지하게 폭격을 한들 무슨 소용이 있을까? 미국은 최첨단 드론을 사용해서 탈레반 지도자들을 암살했지만, 지도자를 한 명 죽일 때마다 대여섯 명의 지도자가 새로 등장했다. 게다가 현재 탈레반의 책임자들—탈레반 공동 창립자이자 정치위원회 수장인 물라mullah(원래 이슬람 교리와 법에 정통한 사람을 가리키는 존칭으로 탈레반 지도자들은 모두 물라라고 불린다.—옮긴이) 압둘 가니 바라다르 포함—은 처음부터 그곳에 있었다. 탈레반 지도부 전체를 참수하는 것은 절대 가능한 일이 아니다. 시작할 때만 해도 승리는 따놓은 당상처럼 보였던 이 전쟁에 미국은 2조 달러 넘게 돈을 썼다.

물라 바라다르는 자기 나라에서 미국이 철수한 뒤 초기에 내놓은 성명에서 새 정부는 아프가니스탄에 만연한 부패를 집중적으로 살펴볼 것이라고 말했다. 한편으로 전前 세계은행 관리 아슈라프 가니가 이끌었던 친미 아프간 정부의 각료들에 관한 소문이 카불 전역에 파다하게 퍼졌다. 가니를 비롯한 고위 관리들은 달러 지폐가 가득한 차를 타고 아프가니스탄을 탈출하려 했는데, 이 돈은 미국이 구호와 기반시설을 위해 아프가니스탄에 제공한 것이었다. 아프가니스탄에 제공한 원조에서 뒷구멍으로 빠져나간 돈의 액수가 상당했다. 2016년 미국 정부의 아프가니스탄 재건 특별감사관SIGAR이 "아프가니스탄의 부패와 관련된 미국의 경험에서 배운 교훈"에 관해 작성한 보고서에는 이렇게 쓰여 있다. "부패는 아프간 정부의 정당성을 훼손시키고, 반정부 세력에 대한 대중적 지지를 강화하고, 물적 자원을 반란 집단으로 이전시킴으로써 미국이 아프가니스탄에서 기울인 노력을 크게 갉아먹었다." 재건 특별감사관은 "탐욕의 전시실"을 만들어서 구호 자금을 빨아들여 사기 술수로 주머니에 챙긴 미국 도급업체들의 목록을 보여주었다. 미국의 아프가니스탄 점령에 2조 달러 넘는 돈이 지출됐지만, 구호를 제공하지도 못했고 국가 기반시설을 짓지도 못했다. 이 돈은 미국과 파키스탄, 아프가니스탄에 있는 부자들의 지갑을 두둑하게 채워주었을 뿐이다.

정부 최고위층이 부패에 탐닉하자 국가 전반의 사기가 곤두박질쳤다. 미국은 아프간국민군ANA 30만 병사들을 훈련시키는 데 희망을 걸면서 이 사업에 880억 달러를 지출했다. 그런데 2019년 군인 명부에 있는 '유령 병사'—존재하지 않는 병사—들을 걸러내자 병력 숫자가 4만 2000명으로 줄었다. 아마 유령 병사의 수는 더 많았을 것이다. 지난 몇 년간 군에서 이탈해서 다른 무장 세력으로 들어가는 숫자가 많아지면서 국민군의 사기가 바닥에 떨어졌다. 각 주도의 방위 태세 또한 허약해서 제대로 싸움 한 번 하지도 못하고 카불이 탈레반에 함락되었다. 이런 이유로 가니 정부의 마지막 국방장관이었던 비스밀라 무하마디 장군은 트위터에서 2001년 말 이래 아프가니스탄에서 집권한 역대 정부에 관해 이렇게 말했다. "역대 정부는 우리의 손을 등 뒤로 묶고서 조국을 팔아 치웠다. 부자(가니)와 그 부하들에게 저주를." 그의 말은 미국이 철수하던 시기 아프가니스탄의 대중적 분위기를 잘 보여준다.

대부

각각의 전쟁—아프가니스탄, 이라크, 리비아—에서 협상을 통해 합의를 이룰 가능성이 충돌 직전까지 남아 있었다. 아프가니스탄의 경우, 탈레반은 9-11 이후 미국의 공격이 얼마나 중대한 사태인지 충분히 알았고, 오사마 빈 라덴과 알카에다 조직망을 제3국에 인계할 준비를 하겠다고 여러 차례 분명히 밝혔다. 탈레반은 이미 1998년에 호스트Khost의 표적을 겨냥한 미국의 소규모 공격을 경험했기 때문에 미군의 어마어마한 힘을 익히 알았다. 탈레반의 합의 호소는 거부당했다. 1990년 사담 후세인 정부는 쿠웨이트를 침공하는 과정에서 실수를 저지른 것을 깨달았고, 완벽한 굴욕만 피하면서 쿠웨이트에서 철수하기 위해 미국과 합의를 보려고 했다. 미국은 철수를 교섭하려는 이라크의 모든 시도를 무시하고

1991년에 대대적인 폭격을 개시했다. 이런 사정 때문에 사담 후세인은 9-11 직후에 미국에 모든 것을 양보하면서 점점 더 많은 유엔의 사찰을 허용하고—사찰단은 대량살상무기를 전혀 발견하지 못했다—악의가 전혀 없음을 입증하기 위해 미국에 모든 수단을 제공했다. 하지만 이번에도 역시 워싱턴은 바그다드의 호소에 눈감은 채 '충격과 공포'라는 이름의 군사작전을 진행했다. 리비아 정부는 애초부터 아프리카연합AU이 제안한 평화안을 선뜻 받아들이려고 했다. 나토의 폭격으로 트리폴리로 가지 못한 아프리카연합 사절단이 이후 폭격 와중에 트리폴리에 도착하고 무아마르 카다피가 조건을 수용했지만, 나토 동맹국을 등에 업은 반란 세력은 평화안을 거부했다. 여러 증거를 볼 때, 미국이 평화협정이나 심지어 리비아의 선제적 항복조차 원하지 않았음은 분명하다. 미국은 전쟁을 원할 때면 언제나 전쟁을 벌인다.

미국이 힘을 행사하는 방식을 보면 꼭 마피아 같다. 이런 특징은 북아메리카 원주민을 대량학살하던 시절까지 거슬러 올라간다. 원주민들은 정착민들과 협상을 하려 했지만, 협상 대신 기관총 세례에 직면했다. 쇼니족의 테쿰세 추장이 인디애나 주지사 윌리엄 헨리 해리슨과 교섭을 하려 했을 때, 미국 정부는 군대를 동원해서 테쿰세를 캐나다까지 추적했다. 해리슨은 미국 대통령이 되어 땅을 차지한 보상을 받았다. 이런 태도는 대서양 연안 지방에 근거한 초기의 미국에서 아메리카 원주민 사회의 영토로 확대되어 멕시코의 3분의 1을 차지하고, 뒤이어 멕시코만 연안 지역과 캘리포니아에서 프랑스와 러시아 영토를 빼앗은 정착민-식민주의

문화에 뿌리를 둔다. 일단 총포를 쏘면서 미국 본토가 확립되자 1832년 먼로 독트린을 통해 서반구의 지배권을 확립하고 그뿐만 아니라 멀리 떨어진 군도와 섬(하와이, 괌, 푸에르토리코, 필리핀)을 차지하기 위해서 군대가 소집되었다. 1898년 필리핀에서 전쟁을 벌이는 동안, 제이콥 스미스 장군은 휘하 부대에 "10살 이상은 전부 죽여서 들짐승만 울부짖는 황야"를 만들어 버리라고 명령했다. 반세기 뒤 베트남에서 한 미군 헬리콥터 부대는 막사 옆에 "죽음은 우리의 사업이고 사업은 좋은 것"이라는 구호를 페인트로 썼다. 풍경은 평정하거나 파괴해야 했다. 미국 대통령 린든 B. 존슨은 "베트남 전체를 밀어버리고 주차장을 만든 다음 크리스마스 전까지 귀국할 수 있는데, 그 나라 정글에서 몇 년을 보낼 것인지 이야기하는 건 바보 같은 짓"이라는 말로 이런 풍조를 요약했다. 미국—1630년 존 윈스럽이 이 새로운 나라를 세계를 위한 "희망의 횃불"이라고 묘사하기 위해 성경에서 빌려온 구절대로 하자면 '언덕 위의 도성'—이 남북 아메리카의 운명을 결정하고, 다른 나라, 특히 아프리카와 아시아 지역에 이런 태도를 수출할 권리가 있다는 사고는 이런 정착민-식민주의의 역사에서 유래한다.

제2차 세계대전(이하 2차대전)으로 선진 산업국들—특히 유럽과 일본, 소련—이 대부분 황폐화된 반면, 미국의 산업 기반은 아무런 피해를 입지 않았다. 실제로 전시 생산으로 미국의 산업이 향상되었고, 재정 흑자 덕분에 미국 달러는 다른 어떤 통화, 심지어 파운드 스털링도 넘볼 수 없는 신성한 지위를 차지했다. 바로 이런 맥락에서 미국은 유럽과 일본의 동맹자들에게 공세적으로 경로를 지시할 뿐만 아니라 필요한 모든 수단을 동원해서 냉전 체제를 통해 탈식민운동을 종속시키고 소련을 악마화하기 시작했다. 냉전 체제 자체가 대체로 미국이 부과한 것이었다. 미국이 주도한 이란 쿠데타(1953)에서부터 미국의 이라크 군사 개입(1991)에 이르기까지 쿠데타와 군사 개입이 냉전 시대를 규정했다. 이 40년 동안 미국의 힘을 어느 정도 억제한 것은 소련과 그 동맹국들의 존재, 그리고 하나의 정치 세력으로 등장한 제3세계였다. 그렇지만 미국은 국제법을 완전히 무시한 채 움직였다. 미국의 군사적·외교적 힘과 유럽, 일본, 미국에 자리한 다국적기업의 활동은 누구도 견제할 수 없었다.

소련이 붕괴한 뒤 미국을 지배하는 엘리트들이 '이제 미국이 유일 초강대국'임을 깨달으면서 영화 〈대부〉식 태도가 기하급수적으로 확대되었다. 이 새로운 시대의 기준점은 미국의 이라크 전쟁(1991)과 세계무역기구WTO 창설(1994)이었다. 이라크 전쟁은 미국이 군사력을 노골적으로 행사한 사건이었고, 세계무역기구는 미국이 지배하고자 하는 무역 체제 안에 세계 각국을 몰아넣은 기관이었다. 미국은 세계 여론을 별로 고려하지 않고 아프가니스탄(2001)과 이라크(2003)를 상대로 전쟁을 벌였다. 물론 협상을 통해 전쟁을 막을 수 있는 가능성 따위는 안중에도 없었다. 불평등한 세계에서 독보적인 1등인 미국은 누구에게도 대답할 필요가 없다고 생각했다. 바로 그런 게 〈대부〉식 태도다. 이 책에서 우리는 이런 미국을 살펴보고자 한다.

〈대부〉식 태도는 비합리적인 게 아니다. 이 태도는 미국의 지배 엘리트들과 유럽, 일본, 그밖에 몇몇 나라의 가장 가까운 동맹자들의 재산과 특권, 권력을 보호하기 위해 만들어진다. 그들은 걸핏하면 들먹이는 "자유시장" 사회의 으뜸가는 이데올로기인 자유 경쟁으로는 자신들의 유리한 지위를 영원히 지킬 수 없음을 안다. 두 종류의 경제적 위협이 이따금 나타난다. 첫 번째는 핵심 원료를 생산하는 나라들의 노동자와 농민들이 벌이는 운동이다. 그들은 전체 상품 연쇄 과정 비용을 낮게, 이윤을 높게 유지할 수 있도록 해주는 인간 이하의 저임금을 받아들이기를 거부한다. 두 번째는 기술 발전이 이루어지는 나라들이 유럽과 일본, 미국의 다국적 기업들의 독점력을 위협할 때 나타난다. 미국은 반기를 드는 노동자와 농민, 또는 다른 발전 경로를 만들어낼 수 있는 각국 정부에 대해 노골적으로 폭력을 사용하거나 자신이 승인한 대리인(독재자나 경찰 수장)이 폭력을 사용하는 것을 승인한다. 미국은 각국이 과학기술 역량을 발전시키는 것을 막는 무역 정책—특히 지적재산권법—을 밀어붙인다. 미국은 자국의 이익에 위배되는 움직임이 나타나면 국제기구에 대한 통제권을 활용해서 각국을 제재하거나 폭력을 행사해서 그들을 규율한다. 이런 폭력과 법률은 〈대부〉식 태도에 뿌리를 둔다. 이는 제국주의에 관해 이야기하는 또 다른 하나의 방법이다.

위험한 확전

미국이 아프가니스탄에서 철수하고 이라크에서도 사실상 철수해야 했다는 사실, 그리고 리비아의 역동적인 상황을 통제할 수 없었다는 사실과 나란히 칠레와 온두라스, 볼리비아에서 미국이 주도한 쿠데타가 뒤집어지고 있다. 칠레의 1973년 쿠데타 정권은 현재 새로운 헌법 초안 작성과 쿠데타를 넘어서는 정치연합의 당선으로 사라지는 중이다. 2009년 온두라스의 쿠데타는 쿠데타로 무너진 정치세력이 2021년에 당선되면서 뒤집어졌다. 2021년 볼리비아 좌파 세력의 당선은 에보 모랄레스 정부를 무너뜨린 2019년 쿠데타를 역전시키는 과정이다. 이 책에서 자세히 다루지는 않겠지만, 이런 역전—그밖에도 많은 사례가 있다—은 기록할 만한 가치가 있다.

우리 시대에 가장 위험한 확전은 라틴아메리카나 아프가니스탄에서 리비아까지 이어지는 벨트에서 벌어지는 것이 아니다. 가장 위험한 상황은 현재 미국이 중국과 러시아에 반대하며 주도하는 압박 캠페인이다. 미국은 이라크 전쟁(2003)과 신용 위기(2007~2008), 그리고 자국 사회의 양극화 증대 때문에 1991년 이후 줄곧 했던 것처럼 행동할 수 있는 능력이 약해지고 있다. 아프가니스탄과 이라크에서 미국이 철수하고 쿠데타가 역전되는 것을 보면 이런 약화가 분명히게 드러난다. 하지만 이런 약화를 미국의 힘의 소멸이나 '미국의 세기'의 종언으로 해석해서는 안 된다. 미국은 거대한 힘의 원천—금융, 군사, 외교, 문화—을 보유하고 있으며, 앞으로도 오랫동안 이런 힘을 휘두를 것이다. 하지만 미국의 상대적 약화 때문에 중국이 중요한 세계적 강대국으로 등장할 여지가 생겼다.

장기적으로 볼 때, 중국은 세계적 강대국으로 '등장'한 게 아니라 그저 200년 전의 우세했던 상황으로 돌아가고 있을 뿐이다. 그때, 그러니까 1820년에 중국의 경제 규모는 당시 유럽에서 최대 경제국이며 지배적인 해양 제국이던 영국보다 6배 컸고, 미국보다 20배 컸다. 유럽 제국주의의 혹독한 칼날, 특히 영국의 군사적 침략은 한 세대만에 중국의 경제력을 파괴하고 국력을 고갈시켰다. 중국은 1839년 1차 아편전쟁에서부터 1949년 내전이 끝날 때까지 100여 년 동안 전쟁의 폭력과 절망에 시달리면서 분투했다. 중국혁명은 이런 폭력의 순환이 끝나면서 이루어졌다. 1949년, 마오쩌둥은 "이제 중국인들이 떨쳐 일어섰다"고 말했다. 중국 역사학자들이 말하는 "굴욕의 세기"를 청산하는 발언이었다. 1978년 중국 정부는 경제를 개방하면서 최신 과학기술을 수입하는 조치를 시행했다. 수십 년 뒤 생활수준이 향상되고 과학적 지식과 기술 발전에 적응하고 이를 확대하면서 중국 인민의 사회적 상태가 개선되었다. 물론 부패와 불평등을 비롯한 여러 문제가 아직 남아 있기 때문에 주의를 기울일 필요는 있다. 서구에 군사 안보 위협을 제기하는 게 아니라, 일부 부문(전자통신, 로봇공학, 고속철도, 비탄소에너지)에서 오직 서구만이 앞설 수 있다는 사고에 위협을 제기하는 게 바로 이렇게 서구 기업들을 훌쩍 앞지르는 기술 발전을 보이는 중국이다. 한편 중국은 남반구에 부채를 중심으로 관여하는 국제통화기금IMF에 전면적으로 도전하는 '일대일로一帶一路, BRI'를 통해 발전을 수출하는 중이다[파리클럽(채무국이 공적 채무를 정상적으로 상환할 수 없는 경우 재조정을 논의하는 채권국의 비공식 협의체.-옮긴이)과 런던클럽(국제 민간 채권은행들의 협의체로, 채무 조정에 대한 협의를 한다.-옮긴이) 둘 다 현재 빈국들이 자신들보다 중국 은행에서 돈을 빌리는 것을 선호한다는 사실을 인정한다].

〈대부〉식 행동의 최악의 사례는 중국을 향해 점점 도발적인 행동을 보이는 것이다. 정말로 위험한 행동이다. 이른바 '중국의 위협'에 관해 끊임없는 이야기가 들린다. 독자 여러분은 건전하고 일반적으로는 합리적인 저널에서도 끔찍한 '중국의 위협'에 관한 논설을 발견한다. 미국이 중국의 위협을 봉쇄하고 제한하기 위해 신속하게 움직여야 한다는 말이 여기저기서 들린다. 그런데 중국의 위협이란 정확히 무슨 의미일까? 미국에서는 이런 질문이 좀처럼 제기되지 않는다. 중국의 주요 교역 파트너인 오스트레일리아에서는 이 문제가 논의된다. 오스트레일리아의 극우 지도자들—워싱턴으로부터 압력을 받을 필요가 없다—은 중국을 도발하기 위해 독자적으로 움직이고 있다. 그들은 오스트레일리아 전 총리 폴 키팅과 긴밀하게 동맹을 이루고 있다. 키팅은 '중국의 위협'을 살펴보면서 그것은 중국의 존재 그 자체라고 현실적인 결론을 내렸다. 미국은 유럽을 대하는 것처럼 윽박지를 수 없는 국가, 따라서 유럽과 같이 미국의 명령을 따르지 않는 국가의 존재를 용인하지 않을 것이다. 독자적인 강력한 경제를 발전시킨 중국은 자신만의 경로를 추구한다. 바로 그것이 '중국의 위협'이다.

현재 미국의 힘이 그토록 약해진 것은 지체의 약점 때문민이 아니라 중국의 등장과 중국과 러시아의 동맹이라는 맥락에서도 미국이 힘을 잃고 있기 때문이다. 중국의 영향력이 국경을 넘어 확산되는 것을 막고, 국제 문제에서 중국과 나란히 독자적인 기둥으로서 움직이고자 하는 러시아를 위협하기 위해 유라시아 곳곳에서 새로운 위험한 확전이 벌어지는 중이다. 러시아의 우크라이나 전쟁은—부분적으로—이런 압박 캠페인이 낳은 결과다. 이 책에서 우리는 이런 맥락에서 국제관계의 두 가지 형태에 관해 이야기하고자 한다. 세계가 미국이 부과하는 규칙을 따라야 함을 의미하는 미국식 '규칙 기반 질서'와 유엔헌장(1945)에 기반을 둔 유엔식 국제 질서가 그것이다. '대부'는 세계가 자신의 규칙을 따르기를 원하는 반면, 세계는 역사상 유례가 없는 거대한 합의를 담은 문서인 유엔헌장에 뿌리를 둔 절차를 구축하기를 열망한다. 이 책의 밑바탕에 흐르는 기조 중 하나는 우리가 '대부'의 행동을 유엔헌장을 근본으로 삼는 국제법에 따라 판단하고자 한다는 것이다. 우리는 유엔헌장이나 유엔 시스템의 한계를 잘 알고 있지만, 193개국이 헌장에 서명한 사실을 인정하는 것은 중요하다. 이 헌장은 구속력 있는 조약이며 그것을 따르는 많은 국제법의 토대다.

우리의 책

《물러나다》는 2021년 말 우리 두 사람이 나눈 대화에 바탕을 두지만, 또한 지난 수년에 걸쳐 우리가 나눈 대화에도 근거한 책이다. 이 책은 우리 각자의 연구와 저술을 바탕으로 나눈 여러 대화를 편집한 것이다. 이 책을 쓰자는 구상을 처음 내놓은 뉴프레스출판사의 마크 파브로와 세계 곳곳에서 이 책을 번역, 출간해준 여러 출판사에 감사드린다. 전문적인 도움을 준 '트라이콘티넨탈: 사회조사연구소Tricontinental: Institute for Social Research'의 대니얼 티라도에게도 감사드린다.

2012년 노엄 촘스키는 비자이 프라샤드의 주선으로 보스턴에서 앤절라 데이비스와 대화를 나누었다. 앤절라 데이비스와 노엄 촘스키가 직접 만난 게 이때가 처음이라는 것은 놀라운 일이었다. 그날 대화의 주제였던 "급진적 미래"는 10년이 지난 오늘날 울림을 준다. 이 책을 계기로 세 사람이 다시 뭉쳤고, 앤절라 데이비스의 서문은 논의의 훌륭한 길잡이가 되어주었다.

베트남과 라오스

하노이에서도 미국이 폭격한 증거를 볼 수 있었지요.
폐허가 된 풀리시, 타인호아시의 무너진 병원을 보았습니다.
미국은 그 도시를 폭격한 적이 없다고 주장했지만
우리 눈으로 포탄을 볼 수 있었어요.
함룡 다리 주변 지역은 집중 폭격을 당했더군요.
달 표면처럼 황량했습니다.

프라샤드 카라카스(베네수엘라)의 분위기는 조용합니다. 제 침대 옆 탁자에는 30년 전쯤부터 항상 곁에 두고 읽는 책 두 권이 놓여 있습니다. 노엄 촘스키의《미국의 권력과 새로운 관료들*American Power and the New Mandarins*》(1969)과《밀실의 남자들*Backroom Boys*》(1973)입니다. 둘 다 미국이 베트남 국민을 상대로 벌인 잔학한 전쟁을 고찰하는, '민주주의'와 '인권'이라는 이름으로 이 전쟁을 강행한 관료들('새로운 관료들'과 '밀실의 남자들')에 관한 책입니다.《미국의 권력과 새로운 관료들》의 헌정사를 슬쩍 펼쳐보기만 해도 촘스키의 입장이 무엇인지 알 수 있지요. "범죄적 전쟁에서 복무하기를 거부하는 용감한 젊은이들에게 바친다." 이 말은 지난 반세기가 넘도록 촘스키가 쓴 모든 책의 헌정사로 남아 있는 분명한 원칙 선언입니다. 그는 자신들의 재산과 권력과 특권을 확대하는 데 여념이 없는 세력들에 맞서서 일관되게 민중과 함께했습니다.

　나는 미국이 아프가니스탄과 이라크, 리비아에서 철수한 과정에 관해 긴 대화를 나누려고 준비하면서 촘스키가 초기에 쓴 이 두 고전을 읽고 있습니다. 아니, 우리의 대화는 사실 미국의 힘이 서서히 소모된 과정과 중국과 러시아를 상대로 미국이 벌이는 하이브리드 전쟁에 관한 것이지요. 노엄 촘스키와 대화를 나누기 전, 독자들과 확실히 준비하고 싶습니다. 그는—90대 중반에 접어들었는데도—여전히 예리하고 만반의 준비가 돼 있기 때문입니다. 여전히 최고의 섀도복서 지식인이니까요.

그가 쓴 《미국의 권력과 새로운 관료들》에서 가장 중요한 글은 〈지식인의 책무〉라는 에세이입니다. 1966년 하버드대학교의 힐렐Hillel(유대인 학생단체)에서 발표한 강연문이지요. 잘난 체하며 걸핏하면 미국 문명의 이상을 들먹이면서도 실제로는 좀처럼 현실과 대결하지 않는 미국 교수들과 지식인 세계의 위선을 꿰뚫는 눈부신 글입니다. "지식인은 정부의 거짓말을 폭로하고, 정부가 내세우는 대의와 동기, 그리고 종종 감추는 의도에 따른 정부의 행동을 분석하는 위치에 있다." 노엄 촘스키는 이 말로 사실상 비판적 지식인이 구사해야 하는 방법론을 제시했습니다. 고찰의 동기가 된 것은 존 F. 케네디가 가장 아끼는 지식인이자 조언자였던 하버드 교수 아서 슐레진저 같은 사람들이 보여준 뻔뻔한 태도입니다. 1961년 미국이 계획한 우파 망명자들의 쿠바 침공—피그스만의 대참사—이후, 슐레진저는 자신이 미국 정치의 '핵심부'에 있다고 잘난 체하며 쿠바 침공에 관해 언론에 거짓말을 했습니다. 슐레진저는 자신의 저서 《1000일A Thousand Days》(1965)이 출간되던 순간 그 거짓말에 관해 질문을 받자 자신은 거짓말을 한 적이 없다고 일축했습니다. 그게 다였지요. 촘스키는 슐레진저가 뉴욕시립대학교에서 알버트 슈바이처 인문학 교수직을 제안받은 무렵에 《뉴욕타임스》에서 이 대화를 보았습니다. 〈지식인의 책무〉에서 노엄은 이런 태평스러운 기만이 미국 기성 체제에서 찬사를 받는 것에 관해 썼습니다. "누군가 부당하다는 걸 알면서도 어떤 대의를 위해 기꺼이 거짓말을 하는 것은 특별히 흥미롭지 않다. 하지만 이런 일이 벌어져도 지식인 사회에서 거의 아무런 반응이 나타나지 않는 것은 의미심장한 일이다. 예를 들면 미국이 뒤를 봐주는 세력이 이웃 나라를 침공하는 것이 별로 대단치 않은 일이라고 세계를 설득하는 것이 자신의 의무라고 생각하는 역사학자에게 인문학 석좌 교수 자리를 제안하는 게 하등 이상한 일이 아니라고 여기는 것 같은 일이다."

하버드 힐렐협회에서 강연을 하던 무렵에 그는 이미 B. F. 스키너의 《언어 행동》에 대한 강력한 비평[《언어》(1959)]과 네 권의 저서[《통사구조》[1](1957), 《언어 이론의 현재적 쟁점들》(1964), 《통사론의 측면들》(1965), 《데카르트 언어학》(1965)], 그리고 널리 읽힌 논문들을 바탕으로 주요한 언어학자로 손꼽히는 인물이었습니다. 오랜 세월이 지난 뒤 《냉전과 대학》[2](1997)에서 여러 학문 분야의 중요한 학자들(언어학의 촘스키, 생물학의 리처드 르원틴, 지질학의 레이 시비)은 1950년대와 1960년대에 대다수 행정부가 대학 내 좌파에 대한 공격을 벌일 때에도 흔히 테크노크라트라고 여겨지는 과학 교수들은 표적으로 삼지 않았다고 주장했습니다. 촘스키는 스스로 자신의 언어학 연구와 명성 덕분에 미국 학계 안에서 강력한 비판적 목소리를 낼 수 있는 안전한 높은 자리에 오를 수 있었다고 지적했습니다.

1963년, 뉴욕 출판계의 권위자 몇 명이 《뉴욕리뷰오브북스》를 펴내기 시작했습니다. 초기 호들은 엘리트 출판계를 반영했지만, 사회 운동이 미국 거리를 메우기 시작하자 편집진은 급진적인 목소리에 지면을 개방했습니다. 1967년(〈지식인의 책무〉)부터 1975년(〈베트남의 의미〉)에 이르기까지 이런 목소리를 대변한 사람 중 하나가 촘스키였지요. 그는 베트남, 라오스, 캄보디아를 상대로 미국이 벌인 전쟁에 관해 탁월한 글들을 썼습니다. 미국에서 발표된 전쟁 관련 글 중에 가장 손꼽히는 것이었습니다.

　이제 대담을 시작해볼까요? 선생님, 기념비적인 에세이로 여겨지는 〈지식인의 책무〉에 관해 한 말씀 해주시지요.

촘스키　음, 사실 〈지식인의 책무〉는 하버드대학교 저널인 《모자이크 *Mosaic*》에 처음 발표됐습니다. 힐렐협회에서 펴내는 저널이었지요. 지금은 분명 협회 문서자료에서 파기했을 겁니다. 당시 좌파 필자 집단을 거느리고 있던 《뉴욕리뷰오브북스》에서 그 글을 발견한 거지요. 편집진은 1960년대 말에 행동주의 운동에 참여하고 있던 젊은 지식인들 사이에서 이루어진 발전을 좇고 있었습니다. 그래서 이 글을 비롯해 저항에 관한 글들을 게재한 겁니다. 사회 분위기가 반동적으로 변하면서 1970년대 초반에 그러한 글들의 게재는 끝이 났습니다. 하지만 당시 제가 뭔가 특별한 걸 느꼈다고 말할 수는 없어요. 반전 운동에 열심히 관여하느라 다른 문제에 관해서는 생각할 틈이 없었지요. 계속해서 우리는 갖가지 저항 활동에 가담했습니다. 저는 이 시기에 언제든 장기 징역형을 받을 상황이었습니다.

프라샤드　1967년에 선생님은 폴 라우터 등과 함께 〈저항 호소문〉 초안을 작성해서 몇 군데에 발표했습니다. 〈호소문〉의 9항은 이런 내용이지요. "우리는 선의를 가진 모든 사람에게 부도덕한 당국과의 대결에 합류할 것을 호소한다. 특히 대학은 계몽의 사명을 완수하고, 종교 단체는 형제

애의 유산을 존중할 것을 호소한다. 지금은 저항할 때이다." 이런 호소와 그에 따라 벌어진 행동 때문에 선생님은—벤저민 스포크 박사, 윌리엄 슬로언 코핀과 함께—미국 정부가 주요하게 노리는 표적이 됐습니다. 선생님이 폴 라우터, 플로렌스 하우와 함께 보스턴의 '음모 재판'에 관해 쓰신 글을 읽은 기억이 납니다. 글에서 유엔헌장과 뉘른베르크 원칙, 미국 헌법이 "저항을 장려하는" 훌륭한 토대를 놓았다고 쓰셨지요.[3] 그 글을 보면 저항을 장려하는 근거가 분명하게 나와 있지요. "계몽된 식견 있는 시민의 이름으로 야만적인 침략 전쟁을 수행하기란 불가능하다. 전쟁을 당장 끝내든지, 아니면 정보와 자유로운 토론의 권리를 비롯한 민주적 권리를 제한해야 한다. 이는 베트남 전쟁만이 아니라 다른 나라의 내정에 개입하기 위해 미국의 무력을 활용하는 모든 행동에도 해당된다."

피고인 5명 중 4명이 유죄 판결과 징역형을 빚았습니다. 린든 존슨 대통령의 법무장관인 램지 클라크가 징집 카드를 불태운 젊은이들을 기소하는 대신 벤저민 스포크 박사와 예일대학교 교목 윌리엄 슬로언 코핀, 정책연구소Institute for Policy Studies 창립자 마커스 래스킨 등을 추적하기로 결정한 사실을 기억하는 게 중요합니다. 클라크가 나중에 말한 것처럼, 결국 이 때문에 전쟁을 둘러싸고 "활발한 토론"이 벌어지는 여건이 조성됐지요. 선생님은 이른바 이 음모의 일환으로 고발당한 인사들의 명단에 포함돼 있었습니다. 라우터, 하우와 함께 쓴 이 글을 보면, 〈저항에 관하여〉[4]와 함께 미국의 전쟁을 바라보는 선생님의 태도를 분명하게 알 수 있습니다. 선생님 말씀처럼, 유엔헌장과 미국 헌법에 근거한 시각이지요. 이 두 글과 다른 글들은 미국의 힘, 특히 군사적 힘을 강력하게 비판하기 위한 토대가 됐습니다. 이런 질문을 드리면 묵살하실 걸 알지만, 그래도 묻지 않을 수 없군요. 선생님은 어떻게—때로는 혼자서—용감하게 일어서서 목소리를 높이는 용기를 낼 수 있었습니까?

촘스키　저 같이 특권적인 사람들한테는 용기의 문제를 제기하면 안 됩니다. 용기를 보고 싶으면, 콜롬비아 남부에서 삶을 위해 싸우는 농민들을 찾아가야지요. 아니면 튀르키예 동부에 사는 쿠르드족이나 난민촌과 점령지에 있는 팔레스타인 사람들에게 가서야겠지요. 당신이 언론인으로서 인생의 대부분을 보낸 장소들 말입니다. 거기에 가면 용기에 관해 말할 수 있지요. 저 같은 사람들은 해당되지 않습니다.

프라샤드　그래도 답을 좀 해주시지요? 용기란 말을 빼보지요. 회복력은 어떻습니까? 그러니까 어느 순간 선생님은 이렇게 느끼신 적이 있습니까? '아, 이제 됐다. 이건 해볼 만한 일이 아냐.' 계속 끔찍한 공격을 받으면서도 선생님은 한결같이 헌신적으로 계속 버티시는 것 같습니다. 그 점을 조금 더 이해해보고 싶습니다. 제 이모는 말씀하셨지요. "노엄 촘스키는 장거리 달리기 선수야." 정확하게 짚은 것 같습니다. 선생님은 왜 레이스를 포기하지 않으신 거지요?

촘스키　아마 좋지 못한 개인적 특성 때문일 겁니다. 오만한 거지요. 지식인 공동체 전체가 저를 격렬하게 비난한다고 해도 제가 옳다고 생각하면 신경 쓰지 않습니다.

프라샤드 지금 말씀, 참 마음에 드는군요. 멋진 말이에요. 그래도 저라면 오만하다고 말하지 않을 겁니다. 아마 완고하다고 하겠지요. 선생님도 아시다시피, 때로는 현실이 우리에게 완고할 것을 강요하지요.

촘스키 어쩌면요. 오만함이든 완고함이든 마음 내키는 대로 부르세요. 언젠가 형편이 심각해진 적이 있었어요. 몇 년 전에 세상을 떠난 첫 번째 부인 캐롤이 가족을 부양하려고 17년 만에 다시 대학에 들어갔습니다. 제가 징역형을 받을 가능성이 농후했거든요. 실제로 저항 운동과 관련된 첫 번째 재판에서 검사가 저를 다음 재판에 기소될 사람으로 지목했습니다. 재판이 계속 이어질 것 같았지요. 사실 우리를 구해준 건, 진정한 용기였습니다. 구정 공세가 바로 그것이시요. 구정 공세는 1968년 1월에 벌어졌습니다. 서구에서는 이 사건을 별로 이야기하지 않지만, 인류 역사에서 가장 눈부신 봉기였습니다. 그러니까, 남베트남 농촌에 60만 미군이 우글거렸고, 거기에 70만 사이공 군대도 있었거든요. 마을마다 어디든 사이공과 미국에서 침투시킨 정보원이 득시글거렸습니다. 그런데 전국 각지에서 이 봉기가 일어날 거라는 걸 누구도 눈치 채지 못했어요. 역사상 그 어떤 일도 이 사건과 전혀 비슷하지 않아요. 미국에게는 정말 충격적인 일이었지요.

  미국 지도부는 장군들이 이렇게 말하는 걸 듣고 있었습니다. "모든 상황을 통제하고 있습니다. 어쨌든 우리가 이길 겁니다." 구정 공세는 이런 평가를 산산이 깨뜨렸지요. 미국 정부는 입장을 바꿀 수밖에 없었습니다. '현자들Wise Men'이라고 불리는 집단이 있었습니다. 월스트리트 변호사들과 밀실의 남자들이 모여서 존슨에게 재선에 도전하지 말라고 말했지요. 그들은 대통령에게 모종의 교섭을 개시해서 부분적 철군으로 나아가야 한다고 말했습니다. 이런 새로운 상황의 한 부분에는 미국 각지에서 시위를 벌이는 젊은이들과 적대 관계를 끝내는 것이 포함됐습니다. 펜타곤 페이퍼의 마지막 부분은 구정 공세 직후에 나온 내용으로 아무도 읽지 않았는데, 사실 여기에는 병력을 추가로 보내는 문제에 관한 논의가 있었습니다. 하지만 합동참모본부가 의욕이 없었지요. 그들은 이렇게 말했습니다. "병력을 추가로 파병하면 국내 시민 소요 단속을 위해서도 병력이 필요할 겁니다. 여성과 젊은이들이 전국 곳곳에서 들고 일어날 겁니다. 해외에 더 많은 병력을 보낼 수가 없습니다." 이게 펜타곤 페이퍼의 마지막 몇 구절입니다. 이런 상황에 대해서 현실적인 우려가 있었고, 결국 저항 운동 재판을 취소했지요. 그래서 제가 재판을 받지 않은 겁니다.

프라샤드 구정 공세에 관한 지식은 말할 것도 없거니와, 관련 정보 자체가 부족하다는 지적은 적절합니다. 미국의 전쟁 정책에서 전환점이 된 그 사건에 관해 좀 더 말하는 게 좋겠군요. 1968년 1월 30일 밤늦은 시간에 남베트남민족해방전선(베트콩)과 베트남 인민군(북베트남군) 수만 명이 사이공 독재정부의 군대뿐만 아니라 미군과 여러 연합군을 상대로 일련의 계획된 공세를 개시했습니다. 공격이 설날에 이루어졌기 때문에 남베트남군의 많은 병사들이 휴가를 나가 있었고 전반적인 사기도 낮은 상태였습니다. 놀라운 점은 100여 개 소도시와 도시에서, 44개 성도省都 가운데 36곳에서 공격이 이루어졌다는 사실이지요. 나중에 유출되어 펜타곤 페이퍼라는 이름이 붙은 미국 정부 보고서들은 《국방장관실 보고서: 베트남 태스크포스》라는 책자로 편찬됐는데, 이 책자를 보면 구정 공세를 계기로 워싱턴 전쟁 입안자들의 확신이 흔들린 사실을 분명하게 알 수 있습니다. 린든 존슨 대통령은 미국이 철군을 고려해야 한다는 전쟁 내각의 권고에 '큰 충격'을 받았습니다. 미국과 남베트남군이 초기 공격을 저지한 뒤 유리한 고지를 다시 확보했지만 결국 남베트남에서든 북베트남에서든 공산주의자들에게 승리하지 못하리라는 게 분명해졌지요. 구정 공세의 결과로, 존슨은 북베트남 폭격을 끝내고 재선 도전을 포기했습니다. 한편 하노이는 1968년 5월에 교섭 개시를 요구했지요. 결국 이 과정을 통해 미국은 1975년에 베트남에서 철수하게 됩니다.

선생님이 언급한 '현자들'의 모임은 1968년 3월 25일이었습니다. 존슨 대통령뿐만 아니라 백악관 보좌관과 일부 각료 들도 흔들렸지요. 추잡한 모임이었습니다. 완벽한 강경파인 합참의장 얼 휠러 장군은 파병 병력을 늘려서 전쟁을 확대하자고 주장했지만, 사이공의 현실은 그의 의지에도 영향을 미쳤습니다. 휠러는 이 '현자들'의 모임에서 이렇게 보고했습니다. "2월 말에 남베트남을 방문함. 당시에는 상황이 유동적이었음. 남베트남은 흔들렸고 곳곳이 마비됨. 정부군은 두 번째 공세에 대비하기 위해 도시 지역 곳곳에 집결함. 대통령 응우옌 반 티에우에게 남베트남군이 공세에 나서야 한다고 말함. 티에우는 남베트남은 제2의 구정 공세를 감당할 수 없다고 말함." '현자들'은 잔인한 비장의 수법을 준비해뒀지만, 그들조차 현실이 자기들을 저버렸다는 사실을 눈치 챘습니다. 국가안보보좌관 맥조지 번디는 이미 잔인하게 폭격을 퍼부은 베트남 사람들에게 원자

폭탄 투하를 고려할 수도 있다는 듯이 이렇게 말했습니다. "원자 무기 사용은 생각할 수 없다." 비교해 보자면, 미국은 2차대전 당시 유럽과 태평양 전역戰域에 투하한 것보다 3배 많은 폭탄을 베트남에 떨어뜨렸습니다. 베트남에 투하된 전체 폭탄의 위력은 히로시마와 나가사키에 투하된 원자폭탄을 합친 것보다 100배 더 컸어요. 국무부 고위 관리 조지 볼은 조심스럽게 이렇게 말했습니다. "지금처럼 계속 폭격을 한다면 문명 세계에서 우리 스스로 소외되는 셈이다. 폭격을 중단하면 미국 국내의 상황도 조용해질 것이다." 존슨이 선택한 것은—미국의 평판을 유지하고 미국 내에서 시민 소요가 가속화되는 걸 막자는—볼의 의견이었습니다. 닉슨은 휠러가 베트남화 정책(베트남 전쟁에서 미국은 한 발 빠지고 남베트남과 북베트남이 싸우게 하는 정책.-옮긴이)을 내놓는 가운데 전쟁을 확대하고자 했지만, 소용없는 시도였습니다. 이미 미국이 전쟁에서 패배했으며 철수해야 한다는 사실이 분명했지요.

《미국의 권력과 새로운 관료들》이 출간되고 1년 뒤, 선생님은 친구인 코넬대학교 경제학 교수 더그 다우드, 연합그리스도교회 목사 리처드 페르난데스와 함께 베트남에 가셨습니다. 하노이공학대학교에서 일련의 강의를 하시고 하노이 외곽에 있는 농촌에도 가셨지요. 《아시아와 벌인 전쟁At War with Asia》(1970)에 이 모든 활동이 자세하게 설명돼 있습니다. 몇 년 전에 오스트레일리아 학자 케빈 휴이슨이 선생님께 1970년의 방문에 관해 묻자 답변하시기도 했지요.

촘스키　북베트남은 흥미로웠지만 많은 걸 보지는 못했습니다. 주로 공학대학교, 아니 정확하게 말하면 공학대학교의 폐허에서 강의를 했지요. 잠깐 폭격이 중단되어 교수진과 학생들이 농촌에서 돌아올 수 있었습니다. 그 사람들은 5년 동안 외부 세계와 교류가 없던 상태였어요. 제가 생각할 수 있고 조금이라도 아는 모든 주제에 관해 매일 강연을 하며 시간을 보냈습니다. 국제 문제, 언어학과 철학, 노먼 메일러가 요즘 무슨 일을 하는지 등등 갖가지 질문과 관심이 쏟아졌어요.

여기저기 돌아다녔지만 하노이에서 아주 멀리 떨어진 곳까지 가보지는 못했습니다. 하노이에서도 미국이 폭격한 증거를 볼 수 있었지요. 같이 간 방문객들―더그 다우드, 딕('리처드'의 애칭.―옮긴이) 페르난데스―과 함께 하노이를 약간 벗어나 돌아다니면서 폐허가 된 풀리시, 타인호아시의 무너진 병원을 보았습니다. 미국은 그 도시를 폭격한 적이 없다고 주장했지만 우리 눈으로 포탄을 볼 수 있었어요. 함롱 다리 주변 지역은 집중 폭격을 당했더군요. 달 표면처럼 황량했습니다. 마을들이 전부 완전히 파괴됐고, 다리도 무너지기 일보 직전이었지요. 그나마 하노이는 보호받고 있다는 걸 알게 됐어요. 외국 대사관과 통신원들이 있었으니까요. 하노이에서 멀리 나갈수록 더 심하게 폭격을 받았습니다.

프라샤드   미국은 1964년부터 1973년까지 파테트라오Pathet Lao(1975년 집권한 라오스의 좌파연합전선.―옮긴이)에 맞서 라오스 왕정을 지원하고 베트남인들이 남베트남의 물자 보급선으로 라오스를 활용하는 걸 막겠다면서 라오스를 대상으로 '비밀' 폭격 작전을 수행했습니다. 미국은 58만 회의 폭격 임무를 수행하면서 9년 동안 매일 8분에 한 번씩 항공기를 가득

채워 폭탄을 떨어뜨렸습니다. 이 나라는 지구상에서 가장 많은 폭격을 당한 곳으로 손꼽힙니다. 선생님은 '공중전 연구 프로젝트Project Air War' 책임자로 라오스에 살던 프레드 브랜프먼과 함께 라오스를 여행하셨지요. 그때 선생님은 브랜프먼이 "누군가 지금 벌어지고 있는 일에 관심을 갖게 만들기 위해 필사적으로 애쓰고 있었다"고 회상하셨습니다.

촘스키   라오스 수도 비엔티안에서 30킬로미터쯤 떨어진 난민촌을 찾아가서 며칠 지낼 수 있었고, 또 나 혼자서는 절대 찾아낼 수 없는 많은 사람들을 만났습니다. 그때 경험에 관해서 전부 글로 남겼습니다. 가끔 극심한 위험에 처한 사람들의 신원을 보호하기는 했지만요. 제때에 라오스에 간 거였지요. CIA 용병 부대가 직전에 라오스 북부—항아리 평원—에서 수만 명을 철수시켰거든요. 오랫동안 전쟁을 피해 동굴에 피신해 살던 많은 사람들이 당시 역사상 최악의 폭격을 당했습니다. 금세 캄보디아가 더 많은 폭격을 당하긴 했지요. 그곳에서 난민들을 인터뷰하면서 많은 시간을 보냈고, 이후 많은 사실을 폭로할 수 있었습니다.

이 여행에서 제가 겪은 다른 흥미로운 일 하나는 북베트남이 라오스에 병력 5만 명을 두고 있기 때문에 미국이 폭격을 해야 한다고 주장하는 당시의 기사와 관련된 것이었습니다. 그 이야기의 출처가 궁금해서 그걸 밝히려고 최선의 노력을 기울였습니다. 미국 대사관에 가서 정무 담당관하고 이야기를 하고 싶다고 요청했습니다. 보통 그들은 대사관에 근무하는 CIA 대표지요. 그가 내려왔는데 아주 친절했습니다. 5만 명 병력 보도에 관한 근거 자료를 좀 보고 싶다고 요청했습니다. 그가 나를 한 방으로 데려가더니 문서 한 무더기를 주더군요. 그러면서 내가 근거 자료를 요청한 첫 번째 사람이라 흥미롭다고 했습니다. 문서를 읽어 보니 라오스 북부에 2500명 정도 규모의 베트남 대대가 하나 있었습니다. 이른바 5만 명은 날조된 숫자거나 등에 쌀가마니를 지고 폭격을 뚫고 길을 가려고 하는 노인들이었을 겁니다. 이 정보가 놀라웠던 건 당시에 미국이 이미 북베트남 폭격을 지휘하기 위해 라오스 북부에 전진 기지를 두고 있었기 때문입니다. 그래서 저도 그 무렵에 북베트남인들이 그것보다 훨씬 많았을 거라고 짐작했었지요. 이 정보는 이후 생포한 포로들의 면담 보고서를 비롯해 제가 검토한 다른 자료들로 입증됐습니다. 이 자료들 중 일부는 프레드 브랜프먼이 제공했고, 일부는 제가 라오스를 좀 더 살펴보면서 조금이나마 찾은 것이지요. 이때의 라오스 방문은 아주 감동적인 경험이었어요. 그전에 이른바 비밀 전쟁에 관해 일부 보도가 있었습니다. 자크 드코르누아가 《르몽드》에 기사를 썼고, 프리랜서 언론인 팀 올먼도 보도를 했지요. 그래서 여기저기 흩어진 자료가 있었지만, 제가 직접 공개되지 않았던 증거 일부를 꼼꼼하게 볼 수 있었습니다. 제가 쓴 글들 가운데 그게 제가 느낀 감정과 가장 가까운 글이라고 생각합니다. 보통 저는 글에서 감정을 배제하려고 하지만 그 글에서는 그렇게 하지 않았지요.

프라샤드 《뉴욕리뷰오브북스》에 쓰신 글—〈라오스 방문기〉(1970년 7월 23일)—은 난민 및 농민 들뿐만 아니라 CIA 관리들까지도 포함한 폭넓은 담화에 바탕을 둔 신중한 보도의 본보기입니다. 마지막 구절이 선생님의 아쉬운 심정을 조금이나마 보여주는데요. "라오스에 도착해서 자진해서 그곳에 살고 있는 젊은 미국인들을 발견했을 때, 나는 깜짝 놀랐다. 불과 1주일 뒤에 나는 이 나라와 국민들의 매력이 무엇인지 깨닫기 시작했다. 그리고 동시에 그 나라의 미래에 관한 절망감도 느꼈다." 라오스 폭격은 이후 3년 동안 지속되었고, 베트남 전쟁은 5년 더 계속됐습니다.

요즘 카라카스는 미국이 볼리바르 혁명을 전복하기 위해 군사 개입에 나설 것처럼 보였던 2018~2020년 시기보다 한결 자신감이 넘칩니다. 이런 상황에서《밀실의 남자들》을 읽다 보면 미국의 기획이 유연하다는 생각이 들더군요. 미국은 한 나라에서 목적을 달성하지 못하면, 다른 나라로 초점을 돌립니다. 언제나 거대 전략을 일관되게 따르는 건 아니지만요. 이 책에 실린 두 번째 글인 〈최종 단계〉(《램파츠》 1973년 4월호에 처음 발표)에서 선생님은 "서구 세력은 실제로 인도차이나에서 철수하더라도 …… 다른 곳에서 금세 싸움에 합류할 것"이라고 말씀하셨지요. 이런 싸움은 '불가피한 충돌'이라면서요. 2년 뒤 미국이 베트남에서 철수했을 때, 선생님은《뉴욕리뷰오브북스》에 짧은 논평(〈베트남의 의미〉, 1975년 6월 12일)을 발표했습니다. 글의 마지막에서 다음과 같은 생각을 밝히셨지요.

미국 정부는 인도차이나에서 혁명적 민족주의 세력을 억누를 수 없었지만, 미국 국민은 그에 비해 회복력이 약한 적이다. 국가폭력 변호론자들이 지난 몇 년간 겪은 이데올로기적 패배를 뒤집는 데 성공한다면, 미국이 지배하는 세계 체제에서 일부 지역을 이탈시킬 위협이 있는 '국지적 전복이나 반란'이 벌어지는 경우에 무력 개입이 되살아나는 무대가 마련될 것이다. 20년 전 한 유명한 연구 집단은 공산주의 열강의 경제가 성공적으로 변모해서 "(미국이 지배하는 지역에서)서구 각국의 산업 경제를 보완하는 것 정도로 만족하려는 의지와 능력이 줄어드는 것"을 '공산주의'의 주요한 위협으로 꼽았다. 인도차이나에서 이런 위협을 억제하려는 미국의 시도는 무너졌지만, 다른 곳에서 싸움이 계속될 게 분명하다. 이 싸움의 쟁점이 '베트남의 교훈'을 둘러싼 이데올로기적 충돌의 결과에 따라 결정되지는 않더라도 영향을 받을 것은 분명하다.

베트남에서 패배하자 미국은 초점을 이동시켰습니다. 이제 밀실의 남자들은 중앙아시아로 눈을 돌려 소련을 도발하고 싶어 했고, 중앙아메리카에서는 콘트라 반군이 로널드 레이건의 자유의 투사들이 됐습니다. 그 시대의 이름들, 그중에 엘리엇 에이브럼스(로널드 레이건, 조지 W. 부시, 도널드 트럼프 정부에서 여러 대외정책 직책을 맡은 네오콘. 2002년 차베스 정부에 대한 쿠데타에도 관련이 있으며, 2019년에는 국무부 베네수엘라 특사로 임명됐다.—옮긴이)가 먼저 떠오르는군요. 그 망령들이 되살아나 수십 년 전에 니카라과와 엘살바도르를 배회한 것처럼 베네수엘라 국민들을 괴롭히고 있습니다.

베네수엘라 외무부 로비에는 살바도르 아옌데가 쓰던 안경의 조각상이 있습니다. 칠레의 미술가 카를로스 알타미라노가 만든 조각이지요. 1973년 아우구스토 피노체트 장군이 쿠데타를 일으킨 뒤 발견된 모습 그대로 두 동강이 난 안경입니다. 희생자의 관점에서 본 그대로, '대부'식 쿠데타를 끝없이 상기시키는 작품이지요.

9-11과 아프가니스탄

9·11 이후 조지 W. 부시 대통령은 하소연을 했어요.
사람들이 왜 우리를 미워하지?
원래 우리는 굉장히 고귀하고 훌륭한 나라인데,
왜 우리를 미워하는 거야?
정부가 펜타곤 조사단을 구성해서 부시의 의문에 답을 찾았습니다.
이런 답이 나왔지요.
"그들이 우리를 미워하는 건 우리가 그들에게 한 일 때문이다."

프라샤드 1968년 구정 공세 이후, 얼 휠러 장군은 '베트남화'라는 정책을 개발했습니다. 사이공의 깃발 아래 있는 베트남 군대를 이용해서 미국이 더는 피를 흘리고 싶지 않은 전쟁을 속행한다는 정책이었지요. 프랑스에서 빌려온 정책인데, 프랑스인들은 일찍이 1943년에 '황색화jaunissement'라는 이름을 붙였습니다. 1968년에 개발된 이 베트남화 정책은 미국이 최고 지위를 유지하면서 소련을 약화시킬 수 있도록 세계 일부 지역에서 피를 흘리게 만들고자 한 것이지요. 중앙아시아와 중앙아메리카에서도 채택됩니다. 미국이 '황색화' 정책을 발전시키는 가운데 일련의 좌파 혁명이 일어나면서 밀실의 남자들이 품은 환상, 즉 도미노처럼 공산주의로 넘어간다는 환상이 거의 타당하게 보였습니다.

기니비사우, 1974년 9월

베트남, 1975년 4월

라오스, 1975년 5월

모잠비크, 1975년 6월

카보베르데, 1975년 7월

상투메, 1975년 7월

아프가니스탄, 1978년 4월

그레나다, 1979년 3월

니카라과, 1979년 7월

짐바브웨, 1980년 4월

이 혁명들 중 일부는 포르투갈 식민지에서 무장 투쟁과 대중 동원을 통해 일어났습니다. 포르투갈이 벌인 소름끼치는 전쟁들 때문에 본국에서도 파시스트 국가—안토니우 살라자르의 '신국가Estado Novo'—가 무너졌지요. 무장 투쟁은 이 식민지들만이 아니라 베트남과 라오스, 니카라과와 짐바브웨에서도 승리를 결정지었습니다. 아프가니스탄과 그레나다는 전통적인 의미의 쿠데타가 낳은 결과물이었습니다. 사회주의 성격을 띤 반식민 투쟁이었지요. 이 시기에 또 하나의 핵심적인 대중적 소요—이란에서 벌어진 사태—는 신정神政 질서로 귀결됐습니다. 사회주의적이지는 않지만 그래도 마찬가지로 미국의 간섭과 지배에 단호하게 저항하는 체제였지요. 아프가니스탄의 좌파적 기획에 맞서 미국은 아프가니스탄과 파키스탄에서 반동 세력을 대규모로 동원하는 식으로 전쟁을 "황색화"했습니다. 사우디아라비아의 석유 자금을 이용하고 CIA를 비롯한 미국 기관들이 완전 무장을 제공했을 뿐만 아니라 종교 성향이 강한 파키스탄 군부독재가 병참 지원을 제공했지요.

아프가니스탄의 좌파적 기획을 상대로 벌인 일은 중앙아메리카에서도 똑같이 벌어졌습니다. 니카라과의 콘트라반군과 엘살바도르, 과테말라, 온두라스의 암살대death squad(주로 라틴아메리카에서 반정부 세력을 살해하거나 납치, 실종시킨 준군사 집단.—옮긴이)가 그 주역이었지요. 중앙아메리카와 중앙아시아에서 미국이 주도하는 대리전이 최고조에 달한 1986년에 선생님은 〈10시 뉴스〉에 출연해서 존 실버와 토론을 벌였습니다. 보스턴 대학교 총장이던 실버는 중앙아메리카에서 공산주의의 위협을 과대 포장하기 위해 헨리 키신저가 구성한 위원회의 성원이었지요. 이 토론에서 선생님은 콘트라반군의 성격을 직설적으로 설명했습니다. 미국이 파키스탄–아프가니스탄에서 지원한 무자헤딘에도 적용될 법한 설명입니다.

촘스키   콘트라반군의 가장 열렬한 지지자들도 이제는 인정하겠지만, 이것이 그들이 말하는 '대리 군대'입니다. 외국 기지를 발판으로 삼아 니카라과를 공격하는 이 군대는 지휘 및 지원을 전적으로 그 주인들에게 의존하고, 정치 강령을 내세운 적이 없으며, 니가라과 안에서 정치적 지지 기반을 전혀 만들어내지 못했고, 군사 지휘부 거의 전체가 소모사를 추종하는 장교들(니카라과 혁명으로 무너진 아나스타시오 소모사 정권의 장교들)입니다. 콘트라반군이 이룬 군사적 업적이라곤 증거가 넘쳐나는 끔찍한 고문과 사지 절단, 잔학 행위를 오랫동안 계속 행한 것밖에 없지요. 지금은 미국 행정부 관리들이 콘트라반군이 수행한 주요 역할이 니카라과의 사회 개혁 속도를 늦추거나 뒤집고 사회의 개방성을 끝장내려고 하는 것이었을 뿐임을 공공연하게 인정합니다. 예를 들어 그해(1985년) 가을에 부과된 (혁명 정권의) 계엄령은 아주 온건한 조치였는데, 1980년 초 이래 엘살바도르에서 시행된 계엄령과 대략 비슷하다고 봐야 합니다. 미국 대사도 장담할 수 있는 것처럼 니카라과는 정치적 개방성이 큽니다. 다만 엘살바도르에서는 계엄령 당시에 무려 수만 명이 학살당했다는 차이가 있지요. 언론을 파괴하는 등의 일들이 많았습니다. 반면 니카라과에서는 사회개혁 속도를 늦추고 발전하는 개방된 사회의 가능성을 제한하려는 목적을 위해 우리가 벌인 전쟁에 대응하는 것이었습니다. 우리는 이런 잔인하고 야만적인 정책을 끝내야 합니다.

프라샤드 2004년에 선생님은 무자헤딘에 관해서 콘트라반군과 똑같은 방식으로 설명하셨습니다.

촘스키 미국은 무자헤딘을 지지한 정도가 아니었지요. 미국이 나서서 무자헤딘을 조직했습니다. 세계 각지에서 가장 폭력적이고 광적인 급진 이슬람주의자들을 불러 모아서 아프가니스탄에서 활동하는 군대로 키우려고 했습니다. 아프가니스탄을 방어하는 목적을 위한 것이었다면 정당한 시도였다고 주장할 수 있습니다. 하지만 그렇지 않았지요. 실제로는 아프가니스탄 전쟁을 오히려 장기화했습니다. 러시아 문서 기록을 보면 그들은 1980년대 초에 이미 발을 빼려고 했는데, 미국이 무자헤딘을 지원해서 전쟁을 장기화한 겁니다. 하지만 미국의 목표는 그게 아니었지요. 아프가니스탄을 지켜주는 게 아니라 러시아를 해치는 게 목표였습니다. 그래서 무자헤딘은 아프가니스탄에 기지를 두고 러시아 내에서 테러 활동을 수행했습니다. 그런데 공교롭게도 러시아가 아프가니스탄에서 발을 빼자 테러 활동이 중단됐습니다. 그들이 하려고 한 일은 그들이 쓰는 용어로 말하자면, 말 그대로 불신자들로부터 무슬림의 땅을 보호하는 것이었으니까요. 불신자들이 발을 빼자 그들은 아프가니스탄을 근거지로 삼아 러시아에서 테러 공격을 수행하는 걸 중단했습니다. 미국은 그 이슬람주의자들을 아프가니스탄으로 데려왔어요. 주로 파키스탄 정보부가 그들을 무장 훈련시키고 지휘했지만, CIA가 감독하고 통제했습니다. 영국을 비롯한 강대국들도 지원했습니다. 이게 다 당시에 최대한 러시아에 타격을 주기 위해서였지요. 그리고 물론, 그들은 서서히 변신해서 훗날 알카에다를 이루게 됩니다. 파키스탄의 정치학자이자 활동가인 에크발 아마드는 곧바로 상황을 인식하고 미국과 동맹국들이 테러리스트 괴물을 만들어 내고 있다고 —외로운 목소리로—경고했습니다. 이슬람 세계에서 수백 년 동안 잠자던 '지하드(성전)' 개념을 되살리고 있다고요.

프라샤드 미국의 도구 노릇을 한 게 비로 콘트리반군과 무자헤딘입니다. 분명 두 집단은 중앙아시아와 중앙아메리카의 국가들이 제대로 기능하는 사회를 건설할 가능성을 약화시키면서 이 나라들에 막대한 사회적 불이익을 떠안겼습니다. 전쟁들이 남긴 쓰레기더미에서 마약 밀매업자, 테러리스트, 마피아 등 갖가지 사회적 위협이 등장했지요. 알카에다는 이 추잡한 혼합물에서 생겨난 산물입니다. 미국을 겨냥한 9-11 공격은 CIA가 '블로백blowback(역류)'이라고 지칭한 현상이지요. 이 물리학 용어는 정치의 세계에서 의도적인 정책이 의도하지 않은 결과를 낳는 현상을 정확하게 묘사해줍니다. 무자헤딘과 콘트라반군의 변신 결과는 미국의 정책이 이 지역들에서 어떤 사회적 성격을 갖는지에 관해 오래 전부터 경고한 사람들에게는 전혀 놀라운 일이 아닙니다. 2001년 11월에 출간된 선생님의 저서 《9-11》[5]의 중요한 논점도 바로 이거지요. 이 책은 비슷한 상황에서 미국이 무력을 휘두른 전반적인 역사에 근거해서 아프가니스탄을 파괴하려고 성급하게 나서는 시도에 대해 경고했습니다. 2001년 9월 11일, 알카에다는 극적인 테러 공격으로 미국을 때렸습니다. 미국 대통령 조지 W. 부시는 곧바로 나라를 전시 편제로 몰아가면서 아프가니스탄이 공격 목표임을 분명히 했지요. 2001년 10월 7일, 미국은 아프가니스탄 폭격을 시작했습니다.

미국이 아프간 사람들을 상대로 수행한 20년 전쟁은 선생님이 베트남전쟁을 지칭한 표현처럼 "범죄적 전쟁"이었나요? 첫째, 그 전쟁은 의식적이고 사전에 계획한 침략이라는 점에서 범죄적 전쟁입니까? 둘째, 전쟁 자체를 수행하는 방식이 끔찍하게 잔학했나요?

촘스키　어마어마한 범죄였던 인도차이나의 경우처럼 거대한 범죄는 아니었습니다. 하지만 정당한 이유가 없는 불법적인 침략이자 끔찍한 잔학 행위였지요. 20년 전으로 돌아가 보면 당시에 제가 쓴 글들을 찾을 수 있습니다. 《뉴욕리뷰오브북스》에는 실리지 않고 《Z매거진》 같은 소규모 저널에 실렸지만요. 미국은 아프가니스탄을 침공할 근거가 전혀 없었습니다. 9-11이 벌어졌지요. 그 공격은 당시 아프가니스탄에 있던 알카에다와 오사마 빈 라덴이 벌인 것이었지만, 탈레반은 그가 저지른 행동에 책임이 없었습니다. 그리고 아프가니스탄 국민들은 전혀 책임이 없었지요.

9-11 직후에 미국 정부는 대대적으로 국제적인 조사에 착수했습니다. 아마 역사상 가장 집중적이고 철저한 조사였겠지요. 8개월 뒤 FBI 국장

로버트 뮬러는 첫 번째 대규모 기자회견을 가졌습니다. 미국이 침공하고 나서 8개월 뒤의 일이지요. 기자들은 뮬러에게 "9-11에 관해 무엇을 알고 있는가?"라고 물었습니다. 뮬러는 아마 알카에다의 소행으로 생각하지만 아직 그 사실을 입증할 수는 없다고 말했습니다. 침공 8개월 뒤에 말입니다.

만약 미국이 당시 아프가니스탄과 파키스탄 국경에 자리한 소규모 집단이던 알카에다와 빈 라덴을 잡는 데 관심이 있었다면, 소규모 경찰 작전을 수행해서 잡을 수 있었을 겁니다. 아마 이 짜증스러운 집단을 없애는 데 전적으로 동의했을 탈레반도 협조했겠지요. 탈레반은 부족 문화의 특성 때문에 알카에다와 빈 라덴을 쫓아낼 수 없었지만, 아프가니스탄에서 그들이 활개치는 걸 원하지 않았어요. 알카에다 세력은 그냥 짜증스러운 존재였지요. 탈레반이 이슬람 국가들에 알카에다를 인도하겠다고 몇 차례 잠정적 제안을 하기도 했습니다. 그러면 미국이 곧바로 알카에다를 낚아챌 수 있었겠지요. 실제로 미국이 침공하고 몇 주 뒤, 탈레반은 전면 항복, 완전한 항복을 제안했습니다. 알카에다와 빈 라덴을 미국의 수중에 넘겨주겠다는 의미였지요. 그런데 미국은 "우리는 항복을 교섭하지 않는다"는 반응을 보였습니다. 당시 국방장관 도널드 럼스펠드는 "우리는 항복을 교섭하지 않는다. 우리에게는 그보다 더 큰 목표가 있다"고 말했고, 조지 W. 부시도 곧바로 똑같은 이야기를 했습니다. 럼스펠드는 직접 작성한 몇몇 메모에서 그 목표를 설명했습니다. 웨슬리 클라크 장군도 미국이 침공—그는 '침공'이란 표현을 쓰지 않았지만 달리 다른 단어를 쓸게 없습니다—을 그 지역의 7개 나라로 확대할 계획임을 밝힌 자세한 제안서를 봤다면서 목표를 밝혔습니다. 이란, 이라크, 리비아, 레바논, 소말리아, 수단, 시리아가 바로 그 7개 나라입니다. 클라크는 2007년 방송 인터뷰에서 이렇게 말했습니다. "첫 번째 단계였을 뿐입니다." 이후 부시 대통령이 기자회견에서 질문을 받았습니다. "빈 라덴에 관해서 얼마나 알고 계십니까?" 부시는 이렇게 답했습니다. "별로 관심 없습니다. 신경 안써요." 9-11이 벌어지고 몇 주 뒤, 미국은 파키스탄에서 출발하는 구호물자 공급을 차단했습니다. 아프가니스탄은 당시 심각한 인도적 위협에 노출되어 있었지요. 수백만 명이 금방이라도 굶어 죽을 상황이었어요. 미국은 파키스탄에서 아프가니스탄으로 가는 모든 트럭 교통을 차단했습니다. 주요한 구호 경로를 차단해서 아프간 사람들을 굶겨 죽이겠다는 거였지요. 다른 비슷한 조치들도 시행했습니다. 구호 단체들은 격분해서 아사 일보 직전인 수백만 아프간 사람들에게 일반적인 구호라도 복구해 달라고 호소했습니다. 아무도 신경 쓰지 않았어요. 아무것도 없었어요. 보도도 거의 되지 않았습니다. 《뉴욕타임스》여기저기에 한두 줄 실리거나 별일 아닌 듯이 지나가면서 언급됐을 뿐이지요. 그러는 사이에 미국은 침공을 개시했습니다.

애초에 미국은 왜 침공을 한 걸까요? 제가 들은 유일한 진지한 답변은 반탈레반 아프간 저항 세력에서 가장 존경받는 인물인 압둘 하크가 내놓은 답인데, 저는 이게 정확하다고 봅니다. 하크는 2001년 10월 중순에 훌륭한 중앙아시아 학자인 아나톨 리벤과 인터뷰를 했습니다. 리벤이 하크에게 물었지요. "미국이 왜 침공한다고 생각하십니까?" 하크는 이렇게 답했습니다. "미국은 아프간 국민들에 관심이 없습니다. 자신들이 수많은 아프간 사람들을 죽일 걸 알지요. 미국은 탈레반을 내부에서부터 무너뜨리려는 우리의 노력을 훼손할 겁니다." 압둘 하크가 생각하던 일이 벌어질 수도 있었지요. 그런데도 미국은 아랑곳하지 않았습니다. 미국 정부는 힘을 과시해서 모든 이들을 겁주려고 했습니다. 럼스펠드는 그런 식이지요. "우리는 항복을 교섭하지 않는다. 그냥 우리의 힘을 보여주고, 모든 이들을 겁먹게 만들고, 더 많은 목표를 이루고자 한다." 그보다 더 나은 대답이 생각나신다면 나도 들어보고 싶군요. 하크의 말보다 더 나은 답은 들어본 적이 없어요. 미국이 탈레반의 항복 제안을 무시한 건 그 때문입니다. 미국은 알카에다와 빈 라덴, 아니 상대가 누가 됐든 간에 그들을 통제하는 데 관심이 없었어요. 그런 건 큰 관심사가 아니었어요. 제가 말한 것처럼, 미국은 당시 9-11이 누구의 소행인지도 몰랐습니다.

프라샤드 2002년 2월에 선생님은 미국의 아프가니스탄 전쟁 초기 국면을 평가한 글을 쓰셨습니다(〈아프가니스탄 전쟁〉,《Z매거진》, 2002년 2월 1일). 그 글에서 "영부인까지 아프가니스탄 여성들의 운명에 관해 뒤늦게 관심을 기울이고 있다"고 말씀하셨지요. 로라 부시는 미국의 전쟁이 아프간 여성들에게 어떤 도움이 될지에 관해 감상적인 라디오 연설을 한 바 있었습니다. "테러리즘에 맞선 싸움은 또한 여성의 권리와 존엄을 위한 싸움이기도 하다"고 영부인은 말했습니다. 추상적인 감상으로는 훌륭한 이야기이지만 실제로는 아무 뜻도 없는 말이었지요. 선생님이 제대로 지적하신 것처럼, 영부인은 사우디아라비아와 페르시아만 국가들은 분명 말할 것도 없고, 중앙아시아와 남아시아의 다른 나라 여성들에 대해서도 이런 관심을 기울이지 않았습니다. 선생님은 "제정신인 사람이라면 이런 저런 불의를 바로잡기 위한다며 해외 군사 개입을 옹호하지 않는다"고 썼는데, 사실 많은 자유주의자들이 불의를 바로잡는다는 근거로 전쟁을 지지하고 나섰습니다. 선생님은 아프가니스탄여성혁명연합Revolutionary Association of the Women of Afghanistan, RAWA의 활동을 지적하셨지요. 이 단체는 "탈레반과 알카에다라는 역병을 근절"할 것을 호소하면서도 미국이 지원하는 군벌들의 힘을 빌려서는 안 된다고 말했습니다. 그 군벌들의 "인권 침해 기록은 탈레반만큼이나 추악하다"면서요. 선생님이 그 글을 쓸 무렵에는 미국이 지원하는 군벌들이 권력을 잡았기에 아프가니스탄 여성들의 상황이 좋아지지 않을 것임이 분명했습니다.

저는 독일에 망명한 공산주의자 아나히타 라테브자드를 만나 이 문제에 관해 이야기한 적이 있습니다. 1965년에 아프간여성민주기구 Democratic Organization of Afghan Women, DOAW를 창립한 일원이자 그해에 국회의원에 당선된 여성 4명 중 하나였지요. 1978년 공산주의 쿠데타가 벌어졌을 때, 이 나라의 문해율은 18.6퍼센트에 불과했습니다(여성의 수치는 무시해도 좋을 정도였지요). 1978~1979년에—여성민주기구 소속이 다수인—교사 1만 8000명이 문해율을 높이기 위해 농촌과 도시 지역으로 갔습니다. 문해율을 끌어올리는 게 어떤 사회개혁을 위해서든 필수적인 기초라고 여겨졌기 때문이지요. 여성 수백 명이 해마다 대학을 졸업해서 교사와 의사, 정부 공무원과 교수가 됐습니다. 그 여성들은 카불에서 발전된 생각들을 흡수해서 농촌 지역으로 가져갔습니다. 그곳에서 부족 지도자, 지주, 성직자들과 맞섰지요. 미국이 지원하는 군벌들이 처음 표적으로 삼은 건 바로 이 농촌의 읽고 쓰기 교사들입니다. 이번에도 역시 다수가 여성이었지요. 군벌들은 파키스탄의 기지를 근거지로 삼아서 교사 수천 명을 공격해서 살해했습니다. 이 모든 일이 전혀 공개적으로 논의되지 않았습니다. 2003년에도 세계 언론은 말랄라이 조야의 말에 별로 관심을 기울이지 않았어요. 조야는—로야 지르가Ioya jirga(대회의, 파슈툰족 최고 지도자 회의)의 선출된 성원으로서—자신과 함께 강당에 모인 사람들은 "아프간 사회에서 가장 반여성적인 사람들이며 국가 및 국제 법정에 세워야 하는 이들"이라고 말했습니다. 미국이 '온건파'로 여긴 로야 지르가 수장 시브가툴라 모자데디는 말랄라이 조야를 '불신자'이자 '공산주의자'라고 부르면서 이미 지르가에서 제명한 상태였지요. 이 사람들이 F-16 전투기의 날개를 타고 권좌에 오른 겁니다.

선생님은 《9-11》을 쓰시던 중에 라실 바수를 만났습니다. 아프기니스탄에서 유엔 소속으로 활동을 해서 군벌과 탈레반 시대 직전의 상황을 잘 알던 인물이었지요. 미국이 아프가니스탄 전쟁으로 나아가는 과정에서 바수는 선생님한테 무슨 이야기를 했나요?

촘스키 아주 흥미로운 이야기예요. 라실 바수는 주로 유엔에서 일했는데, 높이 평가받는 국제적 페미니스트지요. 바수는 1975년 세계 여성의 해를 조직한 여성들 중 하나입니다. 러시아의 아프가니스탄 점령 말기, 그러니까 1980년대 말에 바수는 아프가니스탄 주재 유엔 특사로 여성의 권리를 위한 활동을 했습니다. 1989년 2월에 소련군이 철수했지요. 바수는 소련이 점령했던 시기 카불 같은 주요 도시 중심지에서 여성의 권리가 크게 향상됐다고 제게 말했습니다. 카불에서는 젊은 여자들이 마음 내키는 대로 옷을 입었고, 대학에 진학하고, 여러 일자리에 취직을 했어요. 문해율도 급격하게 높아졌고요. 주로 남자들이 어딘가로 가서 싸우고 있었기 때문이지요. 물론 여러 가지 문제도 있었다고 합디다. 미국이 지원하는 무자헤딘이 문제였지요. 미국은 무자헤딘 가운데서도 가장 악독하고 잔인한 굴부딘 헤크마티아르 그룹을 지원했습니다. 그 그룹은 자기들 마음에 들지 않는 옷이나 이런저런 옷을 입고 나온 여자들 얼굴에 산성 용액을 뿌렸습니다. 하지만 라실 바수는 이런 걸 제외하면 엄청난 개선이 이루어졌다고 말했습니다. 바수는 이 모든 상황에 관한 글을 여러 편 써서 미국 주요 언론에 보냈지만, 어느 곳에서도 답변을 받지 못했답니다. 손꼽히는 페미니스트 저널인 《미즈》에도 보냈는데 아무 답도 받지 못했지요. 마침내 그 글들을 아시아 언론인 《아시아타임스》에 발표할 수 있었지만 미국에서는 결국 발표하지 못했습니다. 미국 입장에서 볼 때, 바수의 이야기는 잘못된 내용이었어요. 그녀의 이야기는 소련인들이 여성을 보호한다는 것이었는데, 미국은 여자들 얼굴에 산을 뿌리는 잔인한 폭력배들을 지원했으니까요. 제 아무리 사실을 말한다 해도 미국 언론이 발표하고 싶지 않은 이야기였지요. 실제로 현재까지도 이 문제에 관해 제대로 된 보도가 없었다고 봅니다. 진실은 그냥 잘못된 이야기로 취급될 뿐이에요.

2012년에 아프가니스탄의 소련인들에 관한 주요한 영어 저서인 《아프간치Afghantsy》(아프가니스탄 전쟁에서 싸운 소련 군인들을 가리키는 표현.—옮긴이)를 발표한 로드릭 브레이스웨이트 경은 소련 그리고 러시아 주재 영국 대사를 지낸 사람입니다. 그는 당시 벌어진 상황을 꼼꼼하게 추적했습니다. 2008년에 아프가니스탄을 방문했을 때는 현지 상황에 관해《파이낸셜타임스》에 기고했지요. 공산주의 신문이 아니라 세계 최고의 경제 언론에 기고한 겁니다. 그는 단순히 카불에서 느낀 인상을 묘사하고 자기가 만난 사람들이 하는 말을 전했습니다. 그는 다종다양한 사람들─친정부 인사, 무자헤딘 출신 인사, 갖가지 사회적 배경을 지닌 여성과 남성 등─과 대화를 나눴습니다. 주된 정조는 향수였던 것 같습니다. 사람들은 소비에트 시절을 아련하게 회고했어요. 사람들이 가장 존경하는 인물은 마지막 공산주의자 정부 수반인 모하마드 나지불라였습니다.

프라샤드 여기서 잠깐 숨을 돌리면서 브레이스웨이트가 쓴 글을 인용하는 게 좋겠습니다. 미국이 카불에 세운 '연립' 정부에 관한 당시 현장의 정서를 맛볼 겸 말이지요.[6]

오늘날 아프가니스탄에서는 새로운 신화가 만들어지고 있다. 현재 서구가 시행하는 정책에 불길한 징조다. 최근에 방문했을 때 아프간 언론인, 무자헤딘 출신 인사, 전문가, '연립' 정부를 위해 일하는 사람 등과 대화를 나눴다. 평화와 재건을 이루겠다고 주장하는 정부를 당연히 지지하는 사람들이다. 그들은 하미드 카르자이 대통령을 경멸하면서 1차 아프간 전쟁 당시 영국이 수립한 괴뢰 정부 수반인 샤 슈자와 그를 비교했다. 대다수는 이슬람 국가 내에서 화해를 도모하려다가 1996년 탈레반에게 도살당한 마지막 공산주의자 대통령인 모하마드 나지불라를 선호했다. 그의 연설이 담긴 DVD를 거리에서 팔고 있었다. 그들은 소비에트 시절에 상황이 더 좋았다고 입을 모았다. 카불은 안전했고, 여성들이 취직을 했으며, 소련인들이 공장과 도로, 학교와 병원을 건설하고, 아프간 아이들은 거리에서 안전하게 뛰어 놀았다. 러시아 군인들은 공중 폭격으로 여성과 어린이를 학살하는 대신, 진짜 전사들처럼 지상에서 용감하게 싸웠다. 심지어 탈레반조차 그렇게 나쁘지만은 않았다. 그들은 선량한 무슬림으로서 질서를 유지하고 나름의 방식으로 여성을 존중했다. 이런 신화들은 역사적 현실을 반영하는 게 아니겠지만, '연립' 정부와 그 정책에 대한 깊은 환멸을 보여주기는 한다.

촘스키　나지불라는 소련 군대가 철수한 뒤에도 무자헤딘의 공격에 맞서서 몇 년을 버텼습니다. 2008년 아프간 사람들은 그가 아마도 아프가니스탄 역사상 최고의 인물일 것이라고 회고했습니다. 어디에나 그의 사진이 걸려 있었고, 사람들이 그의 생전 녹음 연설을 들었어요. 브레이스웨이트는 이런 현상이 현재의 상황에 대한 대응이며, 얼마나 날조된 것이고 어느 정도 실제인지 확신할 수 없다고 말했습니다. 하지만 그는 이것이 현재 상황에 대한 반발이라고는 말했습니다. 미국 언론에서는 이런 보도를 본 적이 없어요. 브레이스웨이트가 그때 한 말과 라실 바수가 당시 한 이야기를 오늘날 끄집어낼 수 있습니다. 20년이 지난 지금 말입니다. 하지만 언론은 그러지 않겠지요.

프라샤드　9-11 직후에 선생님은 《9-11》로 발표할 여러 글을 모으기 시작했습니다. 그 책에서 선생님은 프랑스 총리 위베르 베드린의 말을 인용하셨지요. "서구가 아프가니스탄으로 가면 악마의 덫에 빠지게 될 것"이라는 말이지요. 책에서 이 구절을 인용한 뒤 선생님은 이렇게 말했습니다. "미국이 이 전쟁을 벌인다면 빈 라덴과 그의 동료들이 드리는 기도에 대한 응답이 될 것이다." 20년이 지난 지금 베드린의 예언과 선생님의 논평에 관해 한 번 곱씹어보면 어떨까요?

촘스키　　빈 라덴은 그가 움마Ummah라고 부르는 이슬람 세계와 미국의 전쟁을 부추기기를 공공연하게 희망하고 있었습니다. 그는 이슬람 세계를 선동해서 자신과 힘을 합쳐 미국이라는 악령을 타도하기를 원했지요. 이를 위한 최선의 길은 미국이 무슬림을 공격하는 것이었는데, 아프가니스탄에서 바로 그런 일이 벌어졌습니다. 미국이 이 나라를 침공해서 미군 병사들이 마을에 막 도착했을 때는 희망의 징후가 있었습니다. 미군이나 나토 군대만 따라 다니는 대신 카불을 떠나 여러 마을을 찾아다니고, 몇 년간 계속 다시 방문한 언론인들은 그런 징후들을 보도했습니다. 물론 아프간 사람들은 침공당하는 걸 좋아하지 않았습니다. 하지만 미국이 아주 부유하고 강한 나라이고, 어쩌면 그 나라가 자기들을 도와줄 거라고 생각했지요. 그런 기대는 오래 지속되지 않았습니다. 물론 미군 침략자들은 이 나라에 관해 아무것도 알지 못했고, 대부분은 관심조차 없었어요. 그러니 그냥 여러 지역을 다스릴 수 있는 현지 사람들한테 의지했지요.

　　이 현지 사람들이 어떤 이들이었나요? 그들은 수십 년간 자국민들을 공포에 떨게 만든 군벌들이었습니다. 그들은 상황을 관리하는 법을 알았고, 일을 하는 법을 알았으며, 미국에 자신들이 지방 족장임을 내세웠습니다. 미국은 기꺼이 다른 누군가에게 "국가 건설"을 맡겼지요. 그러니 미국이 마을과 소도시를 한 무리의 살인자와 폭력배들에게 넘겨준다고 누가 신경을 쓰겠습니까? 이 폭력배들은 곧바로 잔인하기 짝이 없는 조치를 도입하고 자신들을 위해 상황을 관리하도록 대량학살자들을 임명했습니다. 그들은 경쟁자들을 제거하는 탁월한 방법을 알아냈어요. 미군 사령관에게 저쪽 다른 마을에 탈레반을 지지하는 놈이 있다고 귀띔만 하면 미국이 보낸 특수부대가 한밤중에 주민들의 집에 쳐들어가서 모욕을 주고는 남자들을 데려와서 고문실로 보내고, 멀리 쿠바 관타나모까지 보낼 테니까요. 또 한편으로 비밀리에 드론을 보내 결혼식 잔치를 공격해서 수십 명을 죽이고요. 순식간에 탈레반 신병 모집을 도와준 셈입니다. 또한 미군 장비와 실습을 통해 이른바 아프간 군대를 훈련시킵니다. 엄청난 부패가 벌어집니다. 지휘관들이 존재하지 않는 군인—유령 군인—을 모집한다면서 돈을 챙기고는 그 돈으로 자기 배를 채우는 거지요. 병사들은 장비를 챙겨서 탈영합니다. 탈레반으로 가버리는 겁니다.

빈 라덴이 세계 곳곳에서 기대한 대로 일이 착착 진행됩니다. 미국이 곳곳을 공격하면 미국에 대한 반감이 커지고, 오늘날 종교 신앙 때문에 공격당하는 것처럼 보이는 이슬람 세계를 지키려는 의지가 점점 높아지지요. 미국은 빈 라덴이 쓴 각본에 따라 대응합니다. 빈 라덴의 기도에 완벽하게 응답하는 겁니다. 미국은 자기가 빈 라덴의 장단에 놀아나는 걸 신경 쓰지 않았습니다. 오케이, 아프가니스탄부터 나이지리아, 필리핀까지 우리는 이슬람 세계를 상대로 전쟁을 벌이는 거다. 영국이 1898년에 마흐디Mahdi(이슬람 시아파에서 미래에 올 구세주를 가리킨다. 1881년 이집트와 영국의 지배를 받던 수단에서 무함마드 아흐마드가 마흐디를 자처하고 수단의 독립과 이슬람으로의 복귀를 주장하며 마흐디 운동을 개시했다.—옮긴이)를 물리친 옴두르만 전투 이후 힐레어 벨록은 유명한 시를 썼습니다.

무슨 일이 생기든 우리에게는
맥심 기관총이 있고, 저들에게는 없으니

제국주의의 기본적인 슬로건이지요. 현지 주민들은 문제가 되지 않습니다. 아무것도 문제될 게 없지요. 우리에게는 총이 있으니 통제권을 잡고 다스리면 된다는 겁니다. 9-11 이후 아프가니스탄의 경우에도 마찬가지입니다. 힘을 과시해서 모든 이들을 겁주면 되니까요. 미국은 아프가니스틴에 다른 관심은 진혀 없었습니다.

미국이 아프간 사람들을 걱정한다는 주장을 한 번 곱씹어 봅시다. 2021년 8월 이래 탈레반이 권좌에 복귀했습니다. 그들이 기반을 다질 수 있었던 한 가지 요인은 미국이 점령과 전쟁 과정에서 벌인 잔학 행위입니다. 탈레반이 권력을 잡는 과정에서 놀라운 게 있다면 그들이 어떻게 광범위한 지지 기반을 다졌는가 하는 점뿐입니다. 1994년에 탈레반이 창설되어 1996년에서 2001년 사이에 첫 번째 집권한 기간에는 파슈툰족 조직이었어요. 그런데 이제 탈레반은 북부의 타지크족 지역을 포함해서 파슈툰족이 소수인 많은 지역에 근거를 두고 있습니다. 어떻게 그게 가능했을까요? 아마 돈으로 충성을 사거나 무력으로 강요했겠지요. 어느 쪽이든 간에 이제 탈레반은 그런 지지를 받고 있고 집권 정부입니다. 하지만 미국 정부는 수십 년 동안 그들과 협상을 했으면서도 그들을 인정하지 않았습니다. 그 결과가 뭘까요? 아프간 정부는 유엔에 의석이 없으며 뉴욕 은행들에 있는 정부 자금—95억 달러—을 인출할 수 없다는 겁니다. 현재 아프간 사람들은 극심한 인도적 위기를 겪고 있는데, 미국은 탈레반의 요청에도 불구하고 자금 인출 허용을 거부하고 있습니다. 국제 금융기관들은 아마도 미국의 압력 때문에 자금 인출 허용과 지원을 보류하고 있겠지요. 국제기구들은 아프가니스탄이 세계 최악의 인도적 위기에 직면하고 있다고 경고하는데 우리는 자금을 꼭 쥐고 있어야 합니다. 왜 그러는 걸까요? 9-11 피해자인 미국인들이 사망한 가족이나 피해에 대해 아프가니스탄이 보상할 것을 요구하기 때문입니다. 법원은 9-11 유가족들 편을 들었습니다. 조 바이든 행정부는 아프간 정부 자금의 절반 가까이를 9-11 유가족이 인도받는 것을 허용하겠다고 발표했는데, 사실 법적으로 곤경에 빠져 있습니다(2012년 미국 법원이 9-11 유가족이 알카에다, 탈레반, 이란 등을 상대로 제기한 손해배상 소송에서 유가족의 손을 들어줬지만, 이 판결은 상징적인 것이었다. 2022년 탈레반이 다시 집권하면서 바이든은 미국 은행에 동결된 아프간 정부 자금으로 배상금을 지급하라는 행정명령에 서명했다. 하지만 이 결정을 실행하면 미국은 자신을 포함한 국제사회의 입장과 달리 현 아프가니스탄 정부를 정식으로 인정하는 셈이 된다. 또한 유엔이나 국제사법재판소를 거치지 않고 다른 나라의 정부 자산을 강제 집행하는 것은 국제법상으로 논란의 여지가 있다.—옮긴이).

미국의 9-11 피해자들이 아프간 정부 자금에 대해 권리를 주장하고, 미국 법원 시스템도 그들을 지지합니다. 아프간 국민 수백만 명이 기아에 맞닥뜨리고 있지만, 어떻게 미국이 아프간 정부에 자금을 돌려줄 수 있겠습니까? 아프간 사람들은 9-11과 아무 상관이 없었지만 그 대가를 치러야만 합니다. 그리고 미국은 힘을 과시하고 모든 이들에게 겁을 줘야 하지요. 이쯤 되면 누군가 나서서 아프간 사람들에게 지난 20년간 나라를 초토화시키고 사회를 황폐하게 만든 보상으로 미국이 수조 달러를 보내야 한다고 소송을 걸어야 하지 않을까요?

아프가니스탄에서 미국이 벌인 잔학 행위를 살펴보면 답이 나오겠지요. 이라크 사람들이 미국이 자기네 나라를 불법적으로 침공해서 파괴한 데 대해 수조 달러를 요구하는 소송을 미국에서 벌일 수 있을까요? 나라 전체가 이전에는 존재하지 않던 종족 갈등과 빈곤에 빠져서 지역 전체가 산산조각 나고 있는데 말입니다. 누군가 미국 법정에서 아프간 국민과 이라크 국민에게, 또는 온두라스나 과테말라, 엘살바도르나 니카라과 국민에게 보상을 요구할 수 있을까요? 이루 헤아릴 수 없이 많은 중앙아메리카 사람들이 고문을 당하고, 사회가 황폐화되고, 삶이 무너졌습니다. 이 사람들이 미국 법원에서 자신들의 권리를 주장하고 있나요? 이런 질문 자체를 상상하기도 힘들지요. 어느 누구도 마피아 두목한테 요구할 수 없습니다. 세상에서 어떤 일이 벌어지는지를 결정하고 필요한 걸 챙기는 게 바로 두목이니까요. 만약 미국인들이 "굶주리는 아프간 국민들이 우리한테 보상금을 내야 한다"고 말한다면, 아마 그렇게 될 겁니다. 법원도 "그게 맞다"고 말하겠지요. 우리가 세계의 통치자니까요. 우리가 무슨 일이 벌어질지를 결정합니다. 반면 만약 미국의 범죄에 희생된 엄청나게 많은 사람들이 그 범죄에 대한 조사라도 요청한다면, 이런 답이 돌아올 겁니다. "미안한데, 마피아 두목은 그런 일을 하지 않아요. 그건 '대부'가 하는 일이 아닙니다." 그만하라는 겁니다.

　미국만 그런 게 아닙니다. 그런 게 제국주의가 보이는 태도지요. 프랑스를 예로 들어봅시다. 프랑스는 1804년 아이티 혁명이 벌어진 뒤 막대한 부의 원천인 주요한 식민지 아이티에서 철수할 수밖에 없었습니다. 프랑스는 아이티 사람들에게 프랑스의 지배에서 해방되는 범죄를 저지른 대가를 치르게 강요했습니다. 아이티는 노예주들에게 보상금을 지불해야 했어요. 프랑스는 아이티에 막대한 보상금을 부과했습니다. 아이티는 돈이 없어서 보상금을 갚지 않았는데, 미국이 2차대전 이후에 그 채무를 인계받았지요. 2002년에 아이티 대통령 장-베르트랑 아리스티드는 프랑스인들에게 220억 달러의 손해배상을 요구했습니다. 프랑스는 이 문제는 19세기에 여러 조약으로 이미 해결됐으며, 배상금을 지불할 생각이 없다고 대답했지요. 2004년, 프랑스와 미국이 지원한 쿠데타로 아리스티드 정부가 무너졌습니다. 아리스티드 대신 들어선 군사독재 정부는 손해배상 요구를 철회했지요. 편리한 해결책이었습니다. 프랑스는 자신들이 그 상황에 아무 책임이 없다고 말했습니다. 영국이 이런 문제 제기에 어떻게 대응했는지를 보여주는 많은 사례가 있는데, 프랑스와 아주 흡사합니다.

　미국의 자유주의자들도 의견이 똑같습니다. 미국이 베트남에서 철수한 뒤, 1977년 3월에 지미 카터 대통령은 동남아시아에서 베트남, 라오스, 캄보디아를 초토화하고 수백만 명을 죽이고 화학전으로 지역 전체를 황폐화한 데 대해 그 지역 사람들에게 빚을 갚아야 하지 않느냐는 질문을 받았습니다. 카터는 아주 신중하게 대답했습니다. "우리는 빚진 게 없습니다. 서로 파괴한 거니까요." 좋아요. 그게 자유주의자 대통령입니다. 레이건은 더 심했지요. "그건 고귀한 대의를 위한 싸움이었고, 우리가 옳았기 때문에 그들이 우리에게 보상을 해야 합니다." 조지 H. W. 부시는 뭐라고 했을까요? "우리는 베트남인들이 우리에게 저지른 범죄를 기꺼이 용서하고자 합니다. 우리는 용서하는 나라니까요. 베트남이 그들의 책임을 다한다면, 즉 구급 임무를 수행하던 중에 사악한 북베트남인들에 의해 격추당한 미군 조종사들의 유해를 찾아준다면, 우리는 그들을 용서할 겁니다." 그러니까 B-52로 북베트남 상공에서 그 나라를 초토화한 조종사들의 유해를 돌려주면 우리는 용서하는 나라니까 너그럽게 용서해주겠다는 겁니다. 제대로 된 정치인 조지 H. W. 부시의 말입니다. 아들인 미치광이 조지 W. 부시가 아니라요. 제국주의 역사의 연대기를 파보면 이런 말이 무궁무진하게 나옵니다.

프라샤드 2015년 선생님은 언론인 이사벨 쿠마르에게 미국이 세계 최고의 테러리스트 국가라고 말씀하셨습니다. 그게 헤드라인으로 나갔지요. 실제로 선생님이 이야기하시려던 건 미국이 아프가니스탄, 파키스탄, 소말리아, 예멘 등지에서 드론으로 암살 작전을 벌인다는 사실이었습니다. 선생님은 워싱턴의 자유민주주의 행정부가 진두지휘한 이 암살 작전이 세계 역사상 최악의 테러 작전이라고 말씀하셨지요. 영국의 비영리 탐사언론단체인 탐사보도국Bureau of Investigative Journalism은 믿을 만한 드론 공격 목록을 보유하고 있습니다. 이 단체의 집계에 따르면, 2010년에서 2020년 사이에 미국은 1만 4000여 회의 드론 공격을 수행해서 8858~1만 6901명을 살해했습니다(910~2200명이 민간인이었고, 그중 283~445명이 어린이였습니다). 미국 언론인 아즈마트 칸과 동료들은 '미국이 이라크와 시리아에서 주도한 공습의 민간인 사상자 파일'을 작성했는데, 공습의 절반에서 이슬람국가ISIS 성원이 주변에 없었고 사망자가 전부 민간인이었다는 사실을 발견했습니다. 탐사보도국의 목록—아프가니스탄과 파키스탄에 관해 훌륭한 정보를 보유하고 있습니다—과 '민간인 사상자 파일'—이라크와 시리아에 관해 훌륭한 정보를 갖고 있지요—을 종합해보면, 미국이 벌인 이 전쟁들의 잔인한 성격에 관한 놀라운 사실들이 드러납니다. 이 드론 작전은 아프가니스탄과 파키스탄 국경 지대에서 탈레반의 또 다른 신병 모집 수단이 되었고, 이라크와 시리아를 상대로 벌인 공중전은 확실히 미국에 대한 반감을 높였습니다. 이런 공격은 정말 분명한 테러 행동이지요.

촘스키   이란이 자국에 잠재적 위협이 된다고 생각하는 사람들을 암살하기 위해 국제적인 테러 작전을 실행한다고 상상해봅시다. 미국 정부와 이스라엘 정부의 모든 주요 인사와 우연히 그 주변에 서 있던 모든 사람이 이 작전의 부수적 피해자로 간주될 겁니다. 이란이 그렇게 했다면, 미국이 뭐라고 할까요? 우선 우리는 아무 말도 하지 않을 겁니다. 그냥 핵무기로 쓸어버릴 테니까요. 그런데 어떤 말이라도 해야 한다면 이렇게 말하겠지요. "그자들은 세계에서 가장 위협적인 테러리스트들이다." 어떻게 한 나라가 감히 사람들을 암살하고 다닐 수 있습니까? 드론 공격은 실제로 이런 짓을 하는 겁니다. 미국이 볼 때 자국 그리고 자국의 이익에 위협이 되는 사람들을 죽이는 겁니다. 결국 어떤 일이 생기냐 하면, 파키스탄 북서부에서 남자 두세 명이 타이어를 수리하는데, 드론 한 대가 주변 상공을 돌면서 그 사람들이 나쁜 짓을 한다고 판단하고는 헬파이어 미사일로 날려버립니다. 버락 오바마 대통령의 정책이 그런 거였어요. 도널드 트럼프 대통령은 한술 더 떠서 아프가니스탄 남동부 사람들을 대상으로 '모든 폭탄의 어머니Mother of all Bomb, MOAB(정식 명칭은 공중폭발대형폭탄 Massive Ordnance Air Blast으로 무게가 9513킬로그램이며 비핵무기로는 가장 폭발력이 크다.─옮긴이)'를 사용했습니다.

미국이 테러 국가라고 말하면 터무니없는 소리라는 반응이 나올 거라는 걸 압니다. 실제 사실이기 때문에 일부러 그렇게 말을 하는 겁니다. 언어도단이라고 해도 상관없어요. 몇 년 전에 저는 트럼프가 세계 역사상 가장 위험한 범죄자라고 말했습니다. 그보다 더 터무니없는 말이 있을까요? 그런데 사실을 살펴봅시다. 세계 역사를 통틀어 지구상에서 인간 생명의 가능성을 파괴하려는 열정으로 똘똘 뭉친 다른 사람이 누가 있습니까? 히틀러나 칭기즈칸도 트럼프하고는 비교가 되지 않습니다. 미국은 환경 파괴라는 절박한 존재론적 재앙을 막기 위한 노력을 줄곧 방해했습니다. 트럼프는 지구 황폐화를 가속화하면서 이렇게 말했습니다. '무슨 상관인가? 최대한 빨리 낭떠러지로 달려가자. 가장 위험한 것까지 포함해서 화석연료 사용을 극대화하자. 화석연료의 효과를 조금이나마 완화하는 모든 규제를 철폐하자. 내가 섬기는 주인들, 내일 당장 수익을 신고해야 하는 엑손모빌 본사에 있는 사람들을 위해 최대한 빨리 모든 걸 파괴하자. 그게 정상적인 질서다. 모든 걸 쓸어버리자.' 역사적으로 트럼프에 맞먹을 만한 사람이 있습니까? 핵심은 이런 터무니없는 말이 사실일 뿐더러 비단 제가 볼 때만 사실인 게 아니라는 겁니다. 갤럽에서 한 번 실수를 한 적이 있어요. 오바마 시절인 2013년이었는데, "세계 평화에 가장 위협이 되는 나라가 어디라고 생각하십니까?"라는 질문을 던졌습니다. 미국이 압도적으로 1위였습니다. 한참 뒤처진 파키스탄이 2위였는데, 인도쪽 표 때문에 크게 부풀려진 게 분명했지요. 중국, 북한, 이스라엘, 이란이 미국에 한참 뒤처져서 3위군을 형성했습니다. 이 여론조사는 미국에서 공표되지 않았어요. 미국 정부의 핵심적인 대외정책 기획을 살펴봅시다. 아프가니스탄 침공과 점령, 이라크 침공과 점령, 쿠바 봉쇄, 이란과 베네수엘라 제재 등은 세계 각국 국민과 정부로부터 압도적인 반감을 샀습니다.

9-11 이후 조지 W. 부시 대통령은 하소연을 했어요. 사람들이 왜 우리를 미워하지? 원래 우리는 굉장히 고귀하고 훌륭한 나라인데, 왜 우리를 미워하는 거야? 정부는 펜타곤 조사단을 구성해서 부시의 의문에 답을 찾았습니다. 이런 답이 나왔지요. "그들이 우리를 미워하는 건 우리가 그들에게 한 일 때문이다." 아주 오래된 일이 아닙니다. 1958년에 드와이트 D. 아이젠하워 대통령도 참모진에게 똑같은 질문을 했습니다. '그들이 왜 우리를 미워하지? 우리가 참 잘해줬는데 말이야. 우리는 심지어 이스라엘과 영국, 프랑스가 시나이 반도에서 철수하게 만들었어. 우리가 반대하기 때문이 아니라 그들이 우리 구역에 들어왔기 때문이지만. 우리는 그런 일을 할 수 있는 유일한 나라야. 그 나라들이 그래선 안 되지. 그들은 19세기 사람들이야. 그래서 우리가 몰아낸 거지. 하지만 그 사람들은 우리한테 고마워하지 않아. 아직도 우리를 미워하지.' 이런 의문에 국가안보회

의NSC가 답을 했습니다. 기본적으로 부시한테 내놓은 답과 동일하지요. "그들이 우리를 미워하는 건 우리가 그들에게 하는 일 때문이다."

소수만 남은 아메리카 원주민이 왜 미국에 부정적인 정서를 품는지, 또는 이를테면 멕시코인들이 원래 멕시코 땅이던 제가 사는 도시를 보면서 왜 침략전쟁이 잘못된 거라고 말하는지를 상상할 수는 없을까요? 우리는 멕시코의 절반을 빼앗았습니다. 오늘날 미국의 남서부와 서부 지역이지요. 어떻게 멕시코인들은 그 사실에 대해 부정적인 정서를 품을 수 있냐고요? 전부 문명을 위해 한 일인데도? 멕시코인들이 그 사실을 알지 못하더라도, 랠프 왈도 에머슨이나 월트 휘트먼 같은 미국의 주요 작가들의 책을 읽을 수 있습니다. 그 작가들은 무지몽매한 멕시코인들이 인류의 미래와 어떤 관계가 있는지 질문을 던졌지요. 시어도어 루즈벨트 같은 광적인 제국주의자들의 글을 읽을 필요는 없습니다. 에머슨이나 휘트먼 같은 자유주의 평론가들의 글을 읽을 수 있으니까요. 똑같은 이야기를 한결 부드럽게 했어요. 영제국 변호론자들도 같은 말을 했습니다. "우리가 인도를 파괴한 뒤에 인도를 위해 얼마나 놀라운 일을 했는지 보라."

프라샤드 맞습니다. 그런 식으로 말했지요. 그리고 자신들이 저지른 범죄에 대해서는 그 기억을 전부 묻어버리려고 갖은 애를 썼습니다. 영국 정부가 노예무역과 보어 전쟁, 식민 지배 과정에서 자신이 한 역할을 다룬 문서 자료 120만 건을 런던 핸슬로프공원에 숨겨둔 사실에 관해 읽은 적이 있습니다. 영국이 1950년대에 케냐에서 벌인 유혈 전쟁에 관한 자료 수천 건도 파기됐고요. 영국이 케냐에 세운 강제노동 체제에 관한 한 문서의 여백에 어느 식민지 관리가 이렇게 썼습니다. "무슨 일이 있어도 이 문서는 공개되어선 안 된다." 전반적인 태도가 그런 식이지요. 과거에 실제로 벌어진 사건을 숨기고 사람들에게 가르치는 것을 막거나 그 잔인함을 누그러뜨리는 겁니다. 마치 철도와 항구 덕분에 식민 지배를 받은 사람들의 생활 상태가 개선되었다는 듯 말입니다.

2002년에 부시가 "그들이 왜 우리를 미워하는지" 물었을 때 선생님은 이 주제에 관해 침착한 글을 한 편 쓰셨습니다. "오늘날 미국인들은 '그들이 우리를 미워하고 우리의 자유를 미워한다'고 믿는 쪽을 택함으로써 화를 자초한다. 정반대로, 그들은 미국인을 좋아하고 미국의 자유를 비롯해서 미국의 많은 것들을 찬양하는 사람들이다. 그들이 미워하는 것은 자신들 역시 열망하는 자유를 부정하는 미국의 공식 정책이다."[7] 1999년에 새뮤얼 헌팅턴은 《포린어페어스》에 이렇게 썼습니다. "미국은 걸핏하면 여러 나라를 '깡패 국가'라고 비난하고 있지만, 많은 나라가 볼 때 미국이야말로 깡패 초강대국이 되는 중이다. …… 그들 사회에 가장 커다란 외부의 위협이 되는 것이다."[8] 당대의 가장 유명한 주류 정치학자 헌팅턴의 말입니다. 그 말을 한 건 조지 W. 부시가 예방전쟁 원칙이 담긴 국가안보전략을 명확히 설명한 2002년 이전인 1999년입니다. 2003년 8월에 선생님은 이 원칙의 위험성을 설명하셨지요. "이 거대 전략은 워싱턴이 '예방전쟁'을 수행하도록 승인한다. 선제가 아니라 '예방'이다. 선제전쟁을 정당화하는 근거가 무엇이든 간에 예방전쟁에는 적용되지 않는다. 더군다나 현재의 열광적인 주창자들이 해석하는 예방전쟁 개념에는 해당되지 않는다. 그 개념은 고안되거나 상상된 위협을 제거하기 위해 군사력을 사용한다는 것이므로 '예방'이라는 용어조차 너무 관대하다. 간단히 말해, 예방전쟁은 뉘른베르크에서 유죄 선고를 받은 '최고 범죄(침략 범죄)'다."[9]

9-11 이후 탈레반은 미국이 테러 범죄를 저지른 사람에 관한 증거가 포함된 문서를 제공하면, 빈 라덴과 알카에다를 제3국—아마도 파키스탄—으로 인계하는 방안을 검토하겠다고 제안했습니다. 이렇게 하면 탈레반도 알카에다를 직접 미국에 인계한 게 아니라고 말할 수 있을 테니까요. 미국은 왜 이 제안을 거부한 걸까요? 왜 미국은 전쟁이 일어나면 수많은 아프간 국민이 사망할 것이라는 압둘 하크의 경고를 거부한 겁니까? 다시 말해, 미국은 그냥 패권을 행사한 겁니까, 아니면 다른 어떤 경제적인 이해관계가 작동한 겁니까?

촘스키   이라크의 경우에 전쟁은 끔찍한 범죄였고 불법적인 것이었습니다. 2004년에 유엔도 이 사실을 인정했지요. 하지만 적어도 전략적인 이익을 생각해볼 수 있습니다. 이라크는 세계적으로 손꼽히는 산유국이고, 그것도 아주 싼 석유를 생산하지요. 심해 시추를 할 필요가 없거든요. 땅에 파이프를 박으면 바로 석유를 뽑아낼 수 있어요. 이라크는 세계 주요 산유 지역의 한가운데에 자리합니다. 미국이 이라크를 통제하고 지배하기를 바라는 아주 타당한 이유가 되지요. 히틀러가 캅카스 지역을 침략해서 석유 자원을 장악하려고 한 것처럼요. 이해할 만한 이유입니다.

그런데 아프가니스탄의 경우에는 아무것도 없어요. 미국은 아프가니스탄에 아무런 이해관계가 없었습니다. 전략적 이해관계가 전혀 없었어요. 아프가니스탄을 손에 넣어도 아무 득이 되지 않았지요. 그냥 이런 겁니다. '우리는 화가 난 상태다. 힘을 과시해서 모두에게 겁을 주고, 세계 어느 누구도 무력과 폭력을 행사하는 우리의 역량을 조금도 의심하지 않게 만들고, 우리의 발끝이라도 건드리면 기꺼이 힘을 행사한다는 걸 보여주고 싶다. 전 세계가 그 점을 확실히 알아야 한다.' 당시에는 그게 아주 중요했습니다. 미국이 폭격을 시작하는 바로 그 순간에 압둘 하크가 그렇게 말했습니다. 전 세계가 아프가니스탄 침공에 반대했어요. 지금은 다 잊힌 사실이지요. 미국은 이렇게 말했습니다. '우리는 당신들이 뭐라고 생각하든 신경 안 쓴다. 우리에게는 힘이 있다. 우리가 폭력 수단을 통제한다. 우리는 마음 내키는 대로 한다. 우리가 화가 나면 힘을 과시해서 모두에게 겁을 줄 것이다.' 보통 강대국이 어떤 군사 작전을 수행할 때 이는 전략적 이익을 위한 것이지만, 그렇지 않을 때도 있습니다.

세계를 장악하기 위해 필요한 일을 해라. 미국은 '대부'예요. 아무리 조그만 나라일지라도 "성공적으로 도전"하는 걸 받아들이려 하지 않습니다. '대부'하고 똑같지요. 구멍가게 주인이 보호비를 내지 않으면, '대부'는 자투리 돈에는 신경을 쓰지 않지만 부하들을 보내 가게를 쑥대밭을 만들지요. 도미노 이론 같은 겁니다. 전염이 확산되는 걸 바라지 않는 거예요. 국제 문제에서 주요한 원칙입니다. 그것의 가장 끔찍한 사례 중 하나는 1804년 이래 미국이 계속 아이티인들을 고문하듯 괴롭히는 겁니다. 또 다른 사례는 1959년부터 줄곧 쿠바를 고문하는 거고요. 우리는 세계 어디서든 막대한 피해와 폭력을 가할 역량이 있는 나라는 지구상에 미국밖에 없다는 걸 알아야 합니다. 가령 다른 어떤 나라도 제재를 부과할 수 없습니다. 하지만 미국이 제재를 걸면 결국 아무리 마음에 들지 않아도 모두가

따라야 하는 것(제3자 제재)이 됩니다. 세계 어느 나라도 이런 식의 힘과 폭력을 행사할 수 없어요. 그게 바로 제국주의지요.

미국은 왜 60년 동안이나 계속 쿠바인들을 고문하듯 괴롭히면서 아무런 군사적 위협이 되지 않는 카리브해의 작은 섬을 파괴하려고 할까요? 존 F. 케네디 대통령은 쿠바를 겨냥해 대대적인 테러 전쟁을 개시함으로써 국제적 대결—거의 지구를 파괴할 뻔했던 미사일 위기—과 60년간 지속되는 봉쇄로 나아가는 장을 열었습니다. 소련이 붕괴하고 쿠바가 고립된 것처럼 보이자 빌 클린턴 대통령은 우파 공화당보다 선수를 쳐서 봉쇄를 강화하고 쿠바 혁명을 짓밟으려고 했습니다. 전 세계가 미국의 정책에 반대하는데도 이런 방침이 지금까지 이어지고 있지요. 유엔에서 가장 최근에 이루어진 표결을 보면, 184개국이 미국이 봉쇄를 중단해야 한다고 말한 반면, 두 나라—미국과 이스라엘—만 봉쇄를 계속해야 한다고 주장합니다.

전 세계가 미국의 지시를 따르지만 정확히 말하면 전부는 아닙니다. 중국이 예외지요.

바로 그게 "중국의 위협"이라는 겁니다. 중국은 미국의 지시를 따르지 않아요. 중국은 위협에 겁먹지 않습니다. 바로 그게 중국의 커다란 위협이지요. 쿠바도 마찬가지입니다. 사실 미국의 장점 하나를 꼽자면 대단히 열린 사회라는 점이지요. 그래서 우리는 정부의 내부 계획 문서를 거의 샅샅이 볼 수 있습니다. 완전하지는 않지만 다른 나라와 비교하면 상당히 많은 문서를 볼 수 있지요. 그래서 우리는 케네디와 존슨 행정부가 쿠바를 겨냥해서 봉쇄를 포함한 대대적인 테러전을 개시할 때 어떤 생각을 했는지 압니다. 왜 이런 전쟁을 시작한 걸까요? 카스트로가 미국의 정책에 '성공적으로 도전'했기 때문입니다. '성공적으로 도전했다successful defiance'는 구절은 1960년 3월 CIA가 작성한 국가정보평가서National Intelligence Estimate에 나오는 말입니다. 이런 성공적 도전은 150년 전, 그러니까 1823년 먼로 독트린까지 거슬러 올라갑니다. 서반구를 지배하겠다는 미국의 의도를 선언한 독트린이지요. 당시에는 영국이 훨씬 더 힘이 셌기 때문에 미국은 그 선언을 행동에 옮길 수 없었습니다. 미국의 거대 계획가들, 특히 존 퀸시 애덤스('명백한 운명Manifest Destiny'의 지적 선구자)는 1820년대에 동료 각료들에게 당장은 영국의 힘 때문에 쿠바를 정복하지 못하더라도 "시간이 흐르면 영국의 힘이 쇠퇴할 것"이라고 말했습니다. "우리의 힘은 커질 것이다. 특히 원주민을 절멸시키고 이른바 국가 영토를 차지하고 나면 힘이 더욱 세진다." 애덤스는 시간이 흐르면 "마치 사과가 나무에서 떨어지듯이 쿠바는 정치적 중력의 법칙에 따라 우리 수중에 들어올 것"이라고 말했습니다. 실제로 1898년에 쿠바가 스페인으로부터 해방되기 일보 직전에 미국이 해방을 막기 위해 개입해서 미국의 식민지로 전락시켰지요. 1959년에 피델 카스트로가 미국의 요구에 성공적으로 도전할 때까지 쿠바는 사실상 미국의 식민지였습니다.

미국은 도전, 특히 성공적인 도전을 용인할 수 없어요. 뉴주얼운동New Jewel Movement의 모리스 비숍이 그레나다를 장악하고 제한된 형태로나마 사회민주적 의제를 밀어붙이려고 했을 때, 미국은 이를 도전으로 받아들였습니다. 카터 행정부는 자금줄을 차단하고 각종 규제를 부과했으며, 레이건 행정부가 수행할 침공의 토대를 닦았습니다. 미군 특수부대 6000명이 그레나다에 있던 쿠바 건설 노동자 40명의 저항을 무찌르고 명예훈장 8000개를 받았어요. 엄청난 승리였지요. 그레나다는 성공적인 도전으로 나아가지 않았습니다. 영국은 미국의 조치에 반대했지만, 쿠바에 대한 미국의 제재를 준수한 것처럼 이번에도 그대로 따랐지요. 유럽 나라들은 유엔에서 과감하게 미국에 반대표를 던질 수 있지만 미국의 제재를 준수합니다. 대이란 제재의 경우에도 마찬가지로 유럽 국가들은 미국의 제재에 강하게 반대한다면서도 그대로 따릅니다. '대부'의 발끝 하나 건드리지 않는 거지요. 잘못 건드리면 응징을 당하니까요. 유럽은 미국에 도전할 여력이 어느 정도 있지만 도전하지 않습니다. 미국이 관리하는 국제 금융 시스템에서 배제될 수 있으니까요. 미국에 도전하려면 어느 정도의 용기와 자주성이 필요할 겁니다. 유럽 지도자들에게 그런 걸 기대하기는 너무 어렵지요. 그러니 그들은 미국을 그냥 졸졸 따라다니면서 '대부'의 지시에 반대하면서도 그대로 따릅니다.

추악하게 행동하는 나라가 하나 있습니다. 이스라엘은 미국의 무기와 지원을 등에 업고 팔레스타인 사람들을 상대로 정기적으로 파괴적인 살인 공격을 수행합니다. 가자지구에서 특히 잔인하게 행동하지요. 걸핏하면 무기가 동나는데, 이스라엘인들은 미국에 보충해줄 것을 요청합니다. 미국은 이스라엘에 비축해둔 무기를 양도하기만 하면 됩니다. 이스라엘은 이런 공격을 '잔디 깎기'라고 점잖게 부르지요. 2021년 8월, 과거 미국과 이스라엘이 점령한 후 팔레스타인 사람들을 쫓아내기도 했던 요르단 강 서안에서 이스라엘 군대가 외딴 마을에 진입해서 이탈리아 인도주의 단체가 설치한 태양광 패널을 파괴했습니다. 이스라엘 신문 《하레츠》는 사설에서 이렇게 말했습니다. "노인과 어린이를 포함한 수십 명을 요르단강 유역의 한여름 땡볕에 전기도 없이 방치하는 자들은 굉장한 사디스트임에 분명하다."[10]

이스라엘 군인들은 자신들의 행위가 불법이라면서도 태양광 시설을 파괴했습니다(요르단강 서안은 오슬로 협정에 따라 1994년 가자지구와 함께 팔레스타인 자치정부의 통치 지역이 되었지만, 이스라엘은 기존의 유대인 정착촌을 계속 유지, 확장하고 있다.−옮긴이 주). 아마 유럽인들이 돌아와서 재건해주겠지요. 똑같은 과정입니다. '대부'의 지시를 따르고, 피해를 복구하는 잡동사니 일은 하지만, 유럽은 기본적으로 마피아 제국주의에 동조하는 겁니다.

영국인들도 세계에서 가장 부유한 나라였던 인도를 파괴하고 탈산업화하는 과정에서 똑같은 짓을 했습니다. 영국을 부유하게 만들려고 대규모 강도짓을 한 거지요. 영국인들은 세계 최대의 마약 밀매 사업을 벌였습니다. 아편 무역을 통해 중국이 영국의 상업 관행에 굴복하고 자신들이 원하지 않는 영국 상품을 받아들이게 만들려고요. 중국이 거부하자 중국을 군함으로 파괴해 버렸습니다. 여름 궁전(이화원)을 파괴하고 홍콩을 포함해서 훔칠 수 있는 건 죄다 훔쳐갔지요. 제국주의의 폭력이었습니다. 미국은 영국과 프랑스, 독일과 이탈리아가 아프리카에서 대규모 종족학살을 벌이는 등 더 작은 영토에서 한 것과 똑같은 짓을 하고 있습니다. 강대국들은 언제나 그런 식으로 행동하고 있어요.

프라샤드 백악관 대통령 집무실에 윈스턴 처칠 흉상이 설치됐다가 철거되는 과정에서 극적인 일이 있었는데요. 미국 지배계급이 처칠에 관해 환상을 품고 있다는 건 주목할 만한 일이지요. 처칠은 젊은 시절에 "야만인들에 맞서 벌어지는 즐거운 소규모 전쟁"에서 싸우려고 인도로 갔습니다. 현재 파키스탄에 속하는 스왓 계곡에서 처칠이 속한 부대는 무지막지한 폭력으로 현지 저항 세력을 살육했습니다. 그 잔인한 전쟁을 곱씹으면서 처칠은 자기 부대가 유혈적일 수밖에 없었던 건 스왓 사람들이 "원주민 특유의 강한 살인 성향"을 갖고 있었기 때문이라고 말했습니다. 진짜 처칠과 그의 흉상을 책상 위에 놓아두는 사람들 사이에는 직접적인 연결선이 있지요.

1993년, 선생님은 《Z매거진》에 쓴 글에서 '펜타곤 시스템'을 이야기하셨습니다. 두 가지 개념이 중요한 역할을 하지요. 하나는 아이젠하워의 퇴임사와 관련된 용어인 군산복합체입니다. 몇 년 전에 선생님은 "아이젠하워가 이 문제를 아주 잘 안 건 그가 8년 동안 군산복합체를 키웠기 때문"이라고 저한테 말씀하셨지요. 다른 하나는 군사적 케인스주의입니다. 여러 자본가들이 경쟁하면서 결국 경제의 불안정성이 커지고, 경쟁의 압력이 주기적인 경기 하강으로 귀결됩니다. 하강기에는 각국 정부가 버림받은 자본가들을 구제하기 위해 지출을 늘려야 합니다. 이게 케인스주의의 기본 뼈대지요. 미국에서는 사회주의에 대한 치명적인 공포 때문에 케인스주의의 구제 자금이 사회 부문보다는 군사 부문으로 갔습니다. 이게 바로 군사적 케인스주의지요.

촘스키　선진국 사회가 모두 그렇듯이, 미국도 처음부터 국가의 경제 개입에 의존했습니다. 이데올로기적인 이유 때문에 대개 그런 사실을 부인하지만요. 2차대전 이후 시기에 에너지부(핵무기를 생산하지요)와 NASA를 포함하는 펜타곤 시스템 때문에 이런 '산업 정책'이 감춰졌습니다. 케네디 행정부는 이 시스템을 국가가 지휘하는 첨단 산업에 대한 공적 보조금으로 전환했지요.

1940년대 말에는 정부와 대기업 진영에서 국가가 민간 경제를 유지하기 위해 대대적으로 개입하는 게 당연시됐습니다. 1948년에 전쟁 시기에 억눌렸다가 폭발한 소비 수요가 소진되고 경제가 다시 침체에 빠지면서 경제 언론들은 트루먼의 '냉전 지출'을 "거의 끝없는 호시절을 위한 마법의 공식"(《스틸》)이나 "전반적인 상향 기조를 유지하기 위한" 방편(《비즈니스위크》)으로 간주했습니다. 《월스트리트매거진》은 군사 지출을 "경제 전반에 새로운 힘을 주입하는" 방법으로 보았고, 몇 년 뒤에는 "미국 경제만이 아니라 외국 경제도 현재 미국에서 지속되는 군비 지출의 규모에 주로 의존하는 게 분명하다"고 보면서 국제적인 군사적 케인스주의가 마침내 해외에서 국가자본주의 산업 사회를 재건하고 초국적기업이 거대하게 팽창하기 위한 토대를 닦는 데 성공했다고 말했습니다. 당시에는 초국적기업이 주로 미국에 기반을 두고 있었지요.

이런 목적에 펜타곤 시스템이 안성맞춤으로 여겨졌지요. 이 시스템은 국민에게 많은 비용 부담(연구개발R&D)을 안기면서 과잉 생산에 보장된 시장을 제공해서 경영진의 결정을 유용하게 받쳐줍니다. 더 나아가 이런 형태의 산업 정책은 인간적 요구에 맞춰진 사회적 지출이라는 좋지 못한 부작용을 낳지 않습니다. 사회 정책은 달갑지 않은 재분배 효과 외에도 경영진의 특권에 간섭하는 경향이 있습니다. 유용한 생산은 사적 이득을 감소시킬 수 있는 반면, 국가가 보조하는 무용지물 생산(무기, 사치스러운 달 탐사 등)은 소유주와 경영자에게 선물과도 같지요. 더 나아가 소유주와 경영자는 시장성 있는 온갖 파생상품을 차지합니다. 더욱이 사회적 지출은 국민 대중의 관심과 참여를 일깨워서 민주주의의 위협을 더욱 크게 만들 수 있습니다. 대중은 병원과 도로, 동네 등에는 관심을 기울이지만, 미사일과 첨단기술 전투기 선택에 관해서는 의견이 전혀 없거든요.

사회적 지출이라는 결함들이 있기는 해도 군사적 케인스주의라는 대안이 더러워지는 건 아닙니다. 첨단 산업의 요구에 잘 부합하는 추가적인 이점이 있으니까요. 컴퓨터와 전자 일반, 항공, 광범위한 관련 기술과 기업 들이 그것이지요. 펜타곤 시스템은 물론 다른 목적에도 도움이 됐습니다. 세계의 보안관으로서 미국은 내정간섭을 위한 군대와 이 군대를 활용하겠다고 위협하는 자세가 필요합니다. 하지만 경제적 역할이 언제나 중심이었고, 이런 사실을 군사 계획을 세우는 이들도 잘 알고 있습니다. 육군 최고 계획가로 아이젠하워 시절에 군의 연구개발 책임자였던 제임스 개빈 장군은 이렇게 말했습니다. "대부분의 경우에 3군의 치열한 경쟁 관계처럼 보이는 모습은 …… 근본적으로 산업간 경쟁 관계다." 이런 목표를 위해서는 일반 국민들의 '희생과 규율'이 필요하다는 점이 처음부터 인식됐습니다(국가안보회의, 〈정책 문서 68호〉). 따라서 국무장관 딘 애치슨이 촉구한 것처럼, "진실보다 더 분명한" 방식으로 공산주의의 위협을 들이대면서 의회와 골치 아픈 관리들의 "대중적 사고를 두들겨 패야" 했습니다. 또한 아서 밴던버그 상원의원이 그 메시지를 해석한 것처럼, "미국 국민들을 잔뜩 겁먹게 만들어야" 했지요. 이 시기 내내 이런 과제를 수행하는 게 지식인들의 주요 의무였습니다.

프라샤드 스톡홀름국제평화연구소SIPRI는 각국 정부가 예산에서 밝힌 수치를 바탕으로 한 상세한 군사비 지출 기록을 보유하고 있습니다. 2021년에 연구소가 펴낸 보고서를 보면, 2020년에 미국은 대략 7780억 달러를 군사비로 지출했는데, 이는 2019년 대비 4.4퍼센트 증가한 수치입니다. 선생님의 방금 말씀 내용으로 보면, 이는 정확한 군사비 지출 수치가 아니네요. 다른 예산(에너지부, NASA, 다양한 정보기관)에 밀어 넣은 액수가 포함된 게 아니니까요. 이걸 집어넣지 않더라도 미국은 2020년 전 세계 군사비 지출의 39퍼센트를 차지합니다. 그러니까 세계 인구의 4.25퍼센트를 차지하는 미국이 세계 군사비 지출의 40퍼센트 가까이를 차지하는 겁니다. 미국은 세계 어느 나라든 파괴할 수 있습니다. 그렇지만 세계의 농민 군대(베트남, 아프가니스탄)에 계속 패배하는 것 같습니다.

　이런 사실들—번듯한 출판물에서 끌어 모은 사실들—가운데 어느 것도 주요 신문이나 방송 채널, 인터넷 간행물에 기사로 등장하지 않습니다. 뉴스 산업의 질식사에 관해 선생님이 에드워드 허먼과 공저한 고전적인 책(《여론조작》**11**, 1988)과 역시 두 분이 공저한 이전의 저서 《반혁명 폭력: 사실과 프로파간다의 대학살Counter-Revolutionary Violence: Bloodbaths in Fact and Propaganda》(1973)에서 다루는 주제가 바로 이것이지요. 요즘은 다들 거의 알지 못하는 이 책의 역사를 살펴보지요. 워너모듈러출판사에서 이 책을 광고하자, 워너퍼블리싱의 출판 부문 대표가 남아 있는 책자를 전부 폐기하고 이 책을 배포하려 한 데 대한 응징으로 출판사를 폐업시켰습니다. 워너퍼블리싱이 화가 난 건 이 책에 미국이 베트남과 인도네시아, 방글라데시 등지에서 자행한 참화에 관한 공공 기록을 꼼꼼히 조사해 담았기 때문이지요. 워너 대표가 말한 것처럼, 이 책은 "훌륭한 미국인들에 대한 악의적인 공격"이었습니다.

책의 서문에서 리처드 포크는 '마피아'—선생님이 이미 사용한 용어지요—라는 단어가 "미국 정부가 벌인 활동의 성격을 잘 보여준다"고 말합니다. 선생님은 미국 정부가 베트남과 태국 같은 나라에서 벌인 활동은 마피아가 하는 짓과 똑같다고 주장하지요. 하지만 대중적인 담론에서는 대중매체의 장막 때문에 이 단어가 확립되기 어렵습니다. 오늘날 대중매체는 정상적인 보도기관이라기보다는 점점 더 프로파간다 부서처럼 움직입니다. 대량학살에 관한 보도가 언론에 나오기는 하지만, 미국인들이 벌이는 학살이 아니라 미국의 적들이 벌이는 학살만 나오는 경우가 많지요. 항상 미국의 적이 대량학살을 자행한다는 이야기만 하지 미국이나 가까운 동맹국이 대량학살을 벌인다는 이야기는 없습니다. 미국이 자애로운 모습으로 보이게 만드는 게 미국 프로파간다의 핵심입니다. 에드워드 허먼과 선생님이 1973년에 쓴 책(사실상 금서지요)의 한 구절을 봅시다.

걸핏하면 대대적으로 알려지고 비난받는 학살 사건의 희생자들은 진지한 관심을 받아 마땅하지만, 자세히 조사해보면 종종 사건 전체나 일부가 허구임이 드러난다. 이런 신화적, 또는 신화에 가까운 학살 사건은 미국의 해외 군사 개입에 대한 지지를 결집시키는 데 대단히 중요한 홍보 기능을 하고 있다. 베트남의 경우에 특히 그러했다. 여론은 부정적이기 쉬웠고, 전쟁 기획자들은 미국 국민들을 동조하게 만들기 위해 안간힘을 써야 했다. 거듭해서 날조에 의지하다 보니 '학살'이 워싱턴의 집중적인 관심을 받으며 프로파간다에서 중요한 역할을 한 사실이 부각된다. 또한 신화 창조에 관한 증거를 보면, 프로파간다 부서가 만들어낸 결과물을 평가할 때 사용하는 기준과 방법으로 이런 자료를 바탕으로 만들어진 이야기들을 신중하게 따져봐야 한다는 점이 분명해진다. 군대나 정보기관, 국가와 제휴한 '학문'이 만들어낸 이야기들에 모두 해당된다.

드론 프로그램은 인기가 없고 언뜻 봐도 비효율적이지요. 쿠바에 대한 제재와 봉쇄도 마찬가지입니다. 하지만 이런저런 반대가 있기는 해도 미국의 대중적 분위기로 보면 이런 종류의 정책이 계속될 것 같습니다.

촘스키   무엇보다도, 드론 프로그램에 대한 압도적인 반대는 국제사회에서 나옵니다. 여론조사에서 이 질문이 나온 걸 보지는 못했지만, 미국 국민들에게 "쿠바를 제재하는 것에 찬성하느냐"고 질문하면('봉쇄'라는 단어는 절대 쓰지 않지요) 아마 "그렇다"는 대답이 나올 겁니다.
《뉴욕타임스》의 기명 칼럼을 읽어보면 됩니다. 2021년 8월에 쿠바 전문가 2명이 쓴 칼럼이 있습니다.[12] 두 사람이 말한 핵심은 이런 겁니다. '봉쇄와 제재에 관한 이야기는 전부 헛소리다. 미국은 쿠바에 인도적 원조를 제공하고 식량도 제공한다.' 그들은 심지어 참고문헌 하이퍼링크를 제시하는 실수를 했습니다. 제가 잠시 시간을 내서 그 참고문헌을 찾아봤습니다. 미국 정부에서 나온 문서였는데, 두 사람의 주장과는 정반대의 내용이더군요. "미국은 쿠바에 인도적 원조를 허용하지 않는다."

예전에 저는 《뉴욕타임스》가 논설을 팩트체크하고, 참고문헌을 찾아보면서, 이 경우처럼 정반대의 이야기를 하는 건 알아챈다고 생각했습니다. 제가 잘못 생각한 거였습니다. 아니더군요. 아주 통상적인 일입니다. 너무나도 분명하게 진실이거나 거짓인 경우에는 굳이 찾아볼 필요가 없기도 하지요. 소위 좌파 언론에서도 이런 일들을 볼 수 있습니다. 미국의 정책에 관한 비판적 논설을 찾아볼 수 있는 저널인 《뉴욕리뷰오브북스》를 예로 들어보지요. 훌륭하고 정직한 좌파 비평가인 러셀 베이커가 이 저널에 에드먼드 모건의 미국사 논설집 서평을 쓴 적이 있습니다.[13] 베이커는 책에서 본 내용에 깜짝 놀랐습니다. 식민지 개척자들이 서반구에 왔을 때 이곳에 거의 아무도 살지 않았다는 내용이었지요. 펄펄 끓는 열대에서부터 얼어붙은 북부에 이르기까지 100만 명 정도가 흩어져 있었다는 겁니다. 실제와 8000만 명 정도가 차이가 나는 거지요. 원주민들은 그냥 흩어져 있었던 게 아니라 발전된 문명을 가지고 있었습니다. 《뉴욕리뷰오브북스》에 실린 글이 이렇습니다(모건은 북아메리카에 100만 명이 살았다고 썼는데, 베이커는 아메리카 전체에 100만 명 정도만 살았다고 잘못 읽었다는 이야기다. 하지만 모건의 주장도 보수적인 추정치에 가깝다.―옮긴이). 저는 이후 몇 달 동안 이 서평에 관한 편지가 실리는지 살펴봤는데, 하나도 없더군요. 분명 몇 차례 문제 제기가 있었을 겁니다. 넉 달 뒤에 사소한 정정이 있었거든요. 수치상 오류가 있었다고 하더군요. 베이커의 말을 잘못 인용했다면서 그가 말한 건 북아메리카의 인구였고 그것은 100만 명이 아니라 1800만 명이라고요. 좋아요. 조금 나아졌군요. 하지만 거의, 아니 전혀 개선되지 않았습니다.

베트남 전쟁이 끝나고 몇 년 뒤까지 매사추세츠대학교UMASS 애머스트 캠퍼스에 언론 연구 그룹이 있었습니다. UMASS 학생들의 사고방식을 연구하는 그룹이었지요. UMASS 애머스트는 최고의 학생들이 모인 일류 대학이지요. 학생들에게 던진 질문 가운데 하나는 전쟁에서 사망한 베트남인의 숫자를 맞춰보라는 것이었습니다. 평균 추정치가 10만 명이었어요. 공식 수치는 200만 명이고 실제 숫자는 아마 400만 명일 텐데요. 그런데 학생들의 추정치는 10만 명이었어요. 독일에서 여론조사를 하는데, 최고 고등 교육기관에 속한 젊은이들에게 홀로코스트 사망자 수에 관해 물어보면 어떤 답이 나올까요? 20만 명이라는 답이 나왔다고 칩시다. 독일에 뭔가 문제가 있다고 생각하겠지요. 그럼 우리는 미국에 뭔가 문제가 있다고 생각해야 하지 않을까요? 그런데 그럴 수 없어요. 미국은 문제가 없으니까요. 우리가 벌인 전쟁도 마찬가지입니다. 다시 이라크 침공을 예로 들어보지요. 요직에 있는 사람이나 언론의 주요 평론가가 이 침공이 범죄라고 말하는 경우를 본 적이 있나요? 기껏해야 실수였다고 말하지요. 오바마는 이라크 전쟁이 '전략적 실수'였다고 말해서 칭찬을 받습니다. 나치 장군들 같은 소리지요. 그 장군들은 영국을 먼저 때려눕혔어야 했다고 생각하기 때문에 소련 침공이 '전략적 실수'라고 말했습니다. 그 장군들을 훌륭한 도덕적 지도자라고 치켜세웁니까? 전혀 아니지요.

미국의 이데올로기에는 미국 예외주의라고 하는 개념이 있습니다. 미국은 자애롭다는 점에서 독보적이라는 개념이지요. 이 개념에는 두 가지 오류가 있습니다. 첫째는 폭력과 야만으로 점철된 실제 역사적 기록이지요. 또 하나는 예외주의가 미국의 독특한 산물이라는 생각입니다. 과거의 모든 제국주의 중심부는—영국에서 프랑스, 네덜란드에 이르기까지— 폭력을 행사하면서 자신은 자애롭다는 착각에 빠져 있었습니다.

프라샤드 2010년 한 방송 프로그램에서 미국 예외주의 개념에 관해 어떻게 생각하는지 질문을 받은 적이 있으시지요. 선생님은 아주 명쾌하게 답하셨는데요. 다시 한 번 말씀해 주시지요.

촘스키 음, 우선 말씀드리고 싶은데, 제가 미국 예외주의의 팬이 아닌 건 아닙니다. 마치 생치즈로 만든 달의 팬이 아니라고 말하는 것과 같지요. 그런 건 존재하지 않으니까요. 역사상 강대국들은 대개 자국이 이례적으로 훌륭하다고 생각했고, 미국도 그런 점에서 예외는 아닙니다. 점잖게 말하자면, 그렇게 생각하는 근거가 아주 탄탄한 건 아닙니다. 미국 대외정책의 문제점은 우리가 아는 그 본질적 성격에 뿌리가 있습니다. 우리가 마음만 먹으면 알 수 있는 성격이지요. 가령 2차대전으로 거슬러 올라가 봅시다. 미국이 글로벌 강대국이 된 시점이지요. 그전에 미국은 국가 영토를 정복하면서 상당히 많은 인구를 절멸시키고, 멕시코의 절반을 정복하고, 서반구의 많은 부분을 장악하고, 필리핀을 침략하고, 수십만 명을 죽였습니다. 하지만 당시까지 진정한 글로벌 강대국은 영국 등이었습니다. 미국은 글로벌 강대국이 아니었지요. 하지만 2차대전 이후에 그 지위에 올랐습니다. 그리고 설계자들이 모여 신중하게 전후 세계를 어떻게 운영할지 계획을 짰습니다. 공공연한 계획이었지요.

기본 구상은 미국이 완벽하게 장악하고 미국의 세계 설계에 방해가 되는 어떠한 주권 표명도 용인하지 않는 이른바 대권역Grand Area이 있어야 한다는 거였습니다. 물론 미국은 어떤 경쟁자도 허용하지 않았지요. 그리고 그 권역은 상당히 넓었습니다. 서반구와 동아시아, 미국이 넘겨받게 될 옛 영제국 등이 포함된 영역이었지요. 결정적으로 세계 주요 에너지원인 중동의 자원이 포함됩니다. 그리고 고위 계획가들은 우리가 중동의 석유를 장악할 수 있으면 세계를 장악할 수 있다고 말했습니다. 물론 여기에는 최대한 넓은 유라시아 지역, 최소한 상업과 산업의 중심지인 서유럽이 포함됐지요. 그게 바로 대권역이었습니다. 그 대권역 안에서 미국은 주권의 행사를 지배하고 제한할 것이었습니다. 당연히 이후 시기에 그 정책이 상당 정도 실행됐습니다. 물론 그건 지나친 야심이었고, 패권 체계는 부식됐으며, 탈식민화가 이뤄져서 권위가 약해지고, 다른 산업 강대국들이 전쟁에서 벗어나 이전의 모습을 되찾았지요. 1970년대 무렵이면 기본적으로 경제적 3극 체제로 세계가 재편됐습니다. 미국에 기반을 둔 북아메리카와 독일을 주축으로 한 유럽, 그리고 당시에는 일본에 기반을 둔 아시아가 주요 경제 권력이었습니다. 그리고 그 후로 한층 더 파편화됐지요. 그렇다 하더라도 이런 본질적인 정책은 여전히 굳건합니다. 세계 곳곳에 미군기지 800여 개가 존재하는 것도 이 때문입니다─다른 나라는 아무도 따라오지 못하지요. 도대체 왜 미국은 세계 전체를 합친 것만큼 군사비 지출이 많고, 어느 누구도 상상하지 못할 정도로 최첨단 기술을 갖춘 살상 수단을 계획표에 올려놓고 있는 걸까요? 그리고 왜 중동과 중앙아시아의 몇몇 나라를 침공해서 지금까지 점령하느라 수조 달러를 쓰는 걸까요? 이건 아주 심각한 문제입니다.

프라샤드　미국 제국주의의 본성을 보여주는 뚜렷한 사례지요. 미국 정책의 제국주의적 동학에 관해 이토록 무지할 수 있는 한 가지 이유는 미국의 문화 세계와 미국의 전쟁이 벌어지는 세계들 사이에 거리가 있다는 점입니다. 미국의 철수에 관해 《뉴욕리뷰오브북스》에 쓴 1975년 글에서 선생님은 이렇게 말씀하셨습니다. "미국 정부는 인도차이나에서 패했지만, 국내에서는 멍만 들었을 뿐이다." '멍만 들었을 뿐이다'라는 구절이 참 의미심장합니다. 미국 정부는 2021년 8월 15일 아프가니스탄에서 철수했지만, 국내에서는 멍도 들지 않은 것 같습니다. 아무런 파급력도 없는 것 같아요.

촘스키　네, 인도차이나에서는 미군 병사 7만 명이 전사하고 전쟁이 끝나는 바로 그 순간까지 거대한 시위운동이 벌어졌습니다. 아프가니스탄과는 아주 다르지요. 미국 국민들이 보기에 아프가니스탄 전쟁은 손쉬운 것이었으니까요. 전투는 징집병이 아니라 직업군인 부대, 특히 특수부대가 수행했지요. 미국의 사상자 수는 상당히 많았지만 인도차이나만큼 심각하지는 않았어요. 전쟁은 그냥 부차적인 일이었지요. 미국은 기본적으로 이 전쟁에 아무런 이해관계가 없었습니다. 손쉽게 빠져나오는 방법을 찾지는 못했지만 전략적인 이익은 전혀 없었지요. 칼럼니스트들은 이 전쟁이 얼마나 거대한 패배인지, '미국의 세기'가 어떻게 끝났는지 등에 관해 이야기했지만, 대다수 미국인들은 어깨를 으쓱해 보일 뿐이었어요. 이 전쟁은 기본적으로 미국의 힘에 아무런 영향을 미치지 않았습니다. 지정학적, 전략적 목표가 전혀 없는, 병력을 빼내서 다른 곳으로 이동시켜야 하는 이례적인 전쟁 가운데 하나였지요. 국내에서 거의 명도 들지 않았고 그냥 평판이 약간 떨어졌을 뿐입니다.

프라샤드 미국이 아프가니스탄을 점령해서 종속국으로 만들 수 있었다면, 세 가지 이점을 누렸을 겁니다. 첫째, 2010년에 미군은 한 보고서에서 아프가니스탄에 최소한 1조 달러 상당의 귀금속이 매장돼 있다고 추산했습니다. 같은 해에 아프가니스탄 광산부 장관인 와히둘라 샤라니는 실제 액수가 3배 많을 수 있다고 말했습니다. 세계 다른 지역에서 알 수 있듯이, 어떤 나라의 부를 착취하기 위해 직접 식민지로 만들 필요는 없지만, 그래도 그 가능성을 염두에 두는 게 중요하지요. 둘째, 미국이 아프가니스탄을 장악할 수 있었다면 중국이 주도하는 일대일로 계획이 완전히 실현되는 걸 막을 수 있었을 겁니다. 아프가니스탄을 포함한 중앙아시아 전역에 기반시설을 까는 게 일대일로의 목표니까요. 힐러리 클린턴은 아프가니스탄을 활용해서 '새로운 실크로드'—2011년 인도 첸나이에서 연설하면서 쓴 표현입니다—를 건설하기를 기대했습니다. 인도에서 중앙아시아 국가들까지 이어지는 이 실크로드는 중국의 동서 상업 발전의 토대를 무너뜨리고 러시아와 중앙아시아 각국의 역사적 연계를 끊으려는 시도였지요. 셋째, 미국이 종속국 아프가니스탄의 군사기지를 마음대로 이용하게 되면 중국의 신장웨이우얼 자치구와 이란의 동부 몇몇 주에서 나쁜 장난을 벌일 수 있었습니다. 아프가니스탄 철수가 미국의 힘에 아무 영향도 미치지 못한 것은 맞지만, 만약 미국이 종속국을 세울 수 있었다면, 아시아에서 미국의 힘이 커졌을 겁니다. 특히 중국 및 러시아와 경쟁이 고조되는 상황에서 말이지요.

이라크

미국 해병대의 대규모 공격 첫날이 기억나는데,
미군이 종합병원을 접수한 과정은 중요한 전쟁범죄입니다.
군인들은 환자를 바닥에 내동댕이치고
의사를 자빠뜨리고 한데 묶었습니다.
얼마나 많은 사람들이 죽었는지 아무도 몰라요.
우리는 우리가 벌이는 잔학 행위를 집계하지 않으니까요.
미국과 서방 주류의 논평을 아무리 샅샅이 뒤져봐도
어느 누구도 이라크 전쟁이 뉘른베르크 전범 재판으로 귀결된
독일 나치의 침략 전쟁과 똑같은 범죄라고 말하지 않습니다.
뉘른베르크 재판을 진지하게 받아들인다면,
이라크 전쟁을 획책한 사람들을 뉘른베르크 원칙에 따라
재판에 회부해야 합니다.

프라사드　미국이 아프가니스탄에서 쫓기듯 철수한 지 몇 주 뒤인 2021년 12월 첫 주에 미군은 이라크에서 방침을 변경할 계획이라고 발표했습니다. 이제 미군은 이라크에서 전투 임무를 수행하지 않고, 단지 이슬람국가ISIS와 싸우는 이라크군에 "조언하고 지원하고 힘을 실어주기"만 할 생각이라는 거였지요. 미국은 병참 본부를 이라크 안바르주에서 쿠웨이트로 옮겼습니다.

하지만 이런 철수는 2007년에 시작된 장기간에 걸친 이라그 철군에서 또 다른 이정표에 불과했습니다. 그해에 미국 정부는 이라크 의회로부터 주둔군지위협정SOFA을 새롭게 얻어내는 데 실패했습니다. 이라크에서 활동하는 중에 여러 특권을 비롯한 치외법권적 보호를 받지 못하게 된 겁니다. 미군은 이라크 법률, 즉 자국의 주권을 행사할 것을 주장하는 이라크 입법부의 지시에 따라 활동하기를 원치 않았습니다. 이라크 법률이나 입법부의 지시는 미국이 1991년 이라크에서 떼어낸 이라크 북부 쿠르드족 자치 지역에는 적용되지 않습니다. 미국이 2007년에 이어 2021년에 다시 이라크에서 철수할 수밖에 없었던 분명한 이유는 2005년의 이브라힘 알자파리(이슬람소명당) 정부에서부터 무크타다 알사드르가 지배하는 지금의 의회에 이르기까지 이라크 정부가 미군이 이라크에 영구 주둔하는 걸 용인하지 않는다는 데 있습니다. 이란과 이라크의 통상적인 긴장 관계에도 불구하고 이란이—미국보다도—숙적인 사담 후세인 제거로 이득을 보았다는 데는 의문의 여지가 없습니다. 2001년부터 2003년까지 2년 동안 미국은 군사력을 사용해서 이란의 두 숙적인 아프가니스탄의 탈레반과 이라크의 사담 후세인을 제거했습니다. 두 전쟁 덕분에 이란은 커다란 전략적 우위를 갖게 됐지요. 워싱턴의 밀실의 남자들은 이런 가능성을 논의하지 않은 걸까요?

촘스키   밀실은 필요 없었습니다. 다 공개됐으니까요. 신보수주의(네오콘) 운동—도널드 럼스펠드와 폴 월포위츠를 앞세운 '새로운 미국의 세기를 위한 프로젝트Project for a New American Century, PNAC'—은 미국의 힘을 활용해서 이 지역에 대한 통제권을 확대하려는 계획을 세웠고, 이는 공개적인 것이었어요. 9-11은 그들에게 반가운 구실이 됐지요. 9-11 직후에 럼스펠드가 쓴 노트를 보면 이 사람들이 광범위한 활동을 할 기회가 생긴 걸 직감했음을 알 수 있습니다.

프라샤드   2001년 9월 11일 오후에 럼스펠드는 자신의 팀을 모아 놓고 생각을 밝혔습니다. 럼스펠드의 보좌관 중 한 명인 스티븐 캠본이 그 말을 받아 적었지요. 캠본의 노트를 보면 PNAC 인사들과 부시 행정부 네오콘들의 생각을 잘 알 수 있습니다.

이렇게 좋은 구실을 찾기는 쉽지 않음. 신속하게 움직여야 함. 한꺼번에

휩쓸어 버릴—대대적으로 행동에 나설—단기적 표적 필요. 관련이 있든 없든 상관없음. 신속하게 최선의 정보를 입수해야. UBL(오사마 빈 라덴)뿐만 아니라 SH(사담 후세인)를 동시에 타격하는 게 좋은지 판단해야 함. 짐 헤인스(국방부 변호사)에게 PW(폴 월포위츠)와 이야기해서 …… UBL과 연계된 추가 지원을 확보하라고 할 것.

오후 2시 40분에 럼스펠드의 발언을 적은 캠본의 노트를 보면 사담 후세인을 공격하려는 열망이 드러납니다. 오전 9시 37분에 펜타곤이 공격받고 불과 몇 시간 뒤의 일이지요. 증거는 필요하지 않았습니다. 이라크를 공격하겠다는 커다란 열망이 분명했지요.

PNAC의 역사는 흥미롭습니다. '미국의 세기'라는 말은《라이프》발행인인 헨리 루스가 처음으로 했는데, 1940년대에 그는 미국이 최소한 잎으로 한 세기 동안 으뜸가는 강대국 지위를 누릴 것임을 보여주고 싶었습니다. 이후 베트남에서 패배하면서 이른바 '베트남 신드롬'이 생겨났습니다. 미국이 이제 더는 세계를 이끄는 강대국이라는 끔찍한 책임을 견디려 하지 않는다는 분위기였지요. 네오콘들은 이른바 베트남 이후 시대의 표류를 극복하는 데 열심이었습니다. 영향력 있는 일군의 워싱턴 지식인들과 정부를 드나드는 정책 분석가들이 B팀의 일부를 구성했습니다. 조지 H. W. 부시 행정부 시기인 1990년에 국방부에서 한데 뭉친 정책 집단이었지요. 딕 체니가 그 팀을 이끌었는데, 소련의 붕괴 때문에 '평화 배당금'이 생겨나는 걸 막는 데 열심이었지요. 1992년에 그들이 작성한 '국방계획지침Defense Planning Guidance'에 이런 말이 나옵니다. "우리의 첫 번째 목표는 구소련 영토나 다른 곳에서 소련이 위협을 제기한 것처럼 질서를 위협하는 새로운 경쟁자의 등장을 막는 것이다. 이것이 가장 중요한 고려사항이며, 어떤 적대적인 강국이 확고한 통제로 패권을 창출할 수 있는 자원을 보유한 한 지역을 지배하는 것을 필사적으로 막아야 한다. 이제 우리의 전략은 미래의 잠재적인 글로벌 경쟁자의 등장을 차단하는 것에 다시 초점을 맞춰야 한다." 클린턴 시절에 이 네오콘 집단은 PNAC을 창설했습니다. 2000년에 펴낸 보고서—《미국 방위 재건*Rebuilding America's Defenses*》—에서 그들은 "미국의 평화를 유지하고 확대하려면" 팍스 아메리카나는 "미국의 확고한 군사적 패권에 확실한 토대를 두어야 한다"고 주장했습니다. 9-11 이전에 조지 W. 부시는 미국의 군사력을 대대적으로 확장하기 시작했는데, 이런 확장세가 9-11 이후까지 지속됐지요. 2002년 부시가 수립한 '국가안보전략*National Security Strategy*'은 PNAC의 매뉴얼과 흡사한 내용입니다. 바로 그 사람들이 쓴 것이니까요. 예를 들면, 여기 익숙한 문장이 하나 있습니다. "우리의 군사력은 잠재적 적들이 미국의 힘을 능가하거나 맞먹는 것을 목표로 군사력 증강을 추구하는 것을 물리칠 만큼 강력해야 한다."

럼스펠드의 발언을 받아 적은, 알아보기 힘든 캠본의 노트는 이런 사고의 전형을 보여주지요. '관련이 있든 없든 상관없이 대대적으로 행동에 나서 한꺼번에 휩쓸어 버린다'는 생각 말입니다. 이라크는 처음부터 표적 정중앙에 있었습니다.

촘스키   이라크를 제대로 이해하려면 1979년까지 거슬러 올라가야 합니다. 미국의 대이라크 정책이 사담 후세인에 대한 강력한 지지로 급격하게 돌아서는 시점이지요. 주로 이란과 관련이 있습니다. 1979년에 이란 혁명이 일어나서 이슬람공화국이 등장하자마자 카터 행정부는 로버트 하이저 장군에게 군대의 봉기를 선동해서 신정부를 무너뜨리고 샤 또는 그와 비슷한 독재자를 다시 앉히라고 지시했습니다. 하지만 그렇게 할 수 없었지요. 카터의 국가안보보좌관 즈비그뉴 브레진스키는 이런 의도를 아주 공공연하게 밝혔습니다. 사실상 마지막 테헤란 주재 이스라엘 대사 우리 루브라니는 훨씬 더 극단적으로 말했지요. "거리에서 1만 명을 죽일 각오만 하면 샤를 다시 권좌에 앉힐 수 있다."

1980년 이라크가 이란을 침공한 뒤, 미국은 곧바로 이라크에 대한 강력한 지지를 표명합니다. 도널드 럼스펠드가 사담 후세인과 악수를 하는 유명한 사진이 있지요. 정당한 이유 없는 이라크의 이란 침공을 지지하기 위해 무기를 보내주는 교섭을 하는 장면입니다. 이 잔인무도한 침공은 결국 수십만 이란 국민의 죽음으로 이어졌습니다. 이라크군은 이란인과 이라크 쿠르드족, 심지어 자국민을 상대로도 화학무기를 사용했습니다. 서구에서 가져온 무기였지요. 로널드 레이건은 이라크가 화학무기를 사용한 사실을 부정했습니다. 그들은 이란을 비난했는데, 이란은 이런 잔학 행위를 전혀 저지르지 않았지요. 레이건은 쿠르드족에 대한 화학무기 사용에 반대하는 의회의 성명을 가로막았습니다. 그런데 나중에 미국은 사담 후세인을 끌어내리는 이유 중 하나로 이때 화학무기를 사용한 것을 끄집어냈지요. 어쨌든 미국과 후세인이 그때 얼마나 진하게 연애를 했는지 후세인은 이스라엘 말고는 어떤 나라도 받지 못한 선물을 받았어요. 미국의 군함을 공격하고도 아무 보복도 당하지 않은 거지요.

프라샤드　선생님은 꽤나 이런 문제에 대해 많이 아는 사람들조차도 잘 알지 못하는 사건을 두 개 예로 드셨는데요. 이라크군이 미국 군함에 포격을 가했지요? 이스라엘도 그런 적이 있는데, 아무 보복도 없었나요? 이런 사건이 어떻게 그렇게 알려지지 않을 수가 있지요? 6일 전쟁 당시인 1967년 6월 8일, 이스라엘 전투기와 어뢰정들이 공해상에 있던 USS리버티호를 공격했습니다. 이 공격으로 승조원 34명이 사망했어요. 이스라엘이 사과를 했고 그걸로 끝이었지요. 20년 뒤인 1987년 5월 17일, 이라크 전투기들이 USS스타크호에 엑조세 미사일을 발사해서 승조원 37명이 사망했는데, 그 후 그냥 사과하고 지나갔지요. 이스라엘은 사망한 군인들에게 미미한 보상금(1968~1969년에 689만 달러)을 지불했습니다. 2020년 달러로 환산하면 1인당 140만 달러를 준 것입니다. 9-11 희생자 유가족은 아프가니스탄으로부터 압류한 대외 지급 준비금으로 2020년 달러 기준으로 1인당 310만 달러를 받을 겁니다. 이라크는 2011년에야 보상금을 지불했는데, 미국의 강요로 1987년 USS스타크호 공격과 이후에 발생한 전쟁 포로 등에 대해 4억 달러를 변상하기로 합의했습니다. 미국이 아프가니스탄과 이라크를 점령한 이후에 두 나라는 이런 공격에 대해 이스라엘보다 많은 돈을 지불해야 했습니다. 이 논의에서 주목할 만한 지점이지요. 그런데 당연하게도 이 두 미국 선박은 군함이었습니다. 미국은—선생님이 여러 차례 지적하신 것처럼—이란 항공기를 포함한 여러 민간 선박과 항공기에 발포를 했습니다.

촘스키   맞아요. 미국은 이라크가 이란을 상대로 싸운 전쟁에 직접 개입했습니다. 1988년 7월 3일, USS빈센스호가 테헤란에서 두바이로 가는 이란항공655편에 유도 미사일을 발사했습니다. 분명히 확인된 민간 항로로 운행하는 여객기를 격추해서 탑승자 290명 전원을 살해한 거지요. 이 군함은 버지니아주 노퍼크에 있는 항구로 돌아와서 떠들썩한 환영을 받았습니다. 함장인 윌 로저스는 조지 H. W. 부시에게 훈장을 받았어요. 부시가 미국인들은 자신이 한 행동에 대해 절대 사과하지 않는다고 말한 건 바로 이런 맥락에서였지요. 민간 여객기를 격추시켜도 괜찮다. 명예훈장을 주겠다. 이란은 미국과 싸울 수 없다는 걸 깨달았고, 타협안, 즉 굴복을 받아들였지요. 이란이 소규모 핵무기 개발 프로그램을 시작한 것도 아마 이때쯤일 겁니다. 미국이 이라크에서 핵무기 개발 프로그램을 개시하려고 하자 균형을 맞추려고 한 것입니다. 당시 조지 부시가 이라크 핵공학자들을 미국에 초청해서 핵무기 생산에 관한 최신 교육을 받게 했는데, 이란은 이를 심각한 위협으로 받아들였습니다.

1990년 4월, 부시는 이라크에 대표단을 보내 사담에게 안부를 전했습니다. 공화당 상원의원—이자 다수당 원내대표—인 보브 돌이 이끈 대표단이었지요. 그들은 사담 후세인의 위대한 업적을 치켜세우면서 그에게 미국 언론에서 떠들어대는 비판적인 논평 따윈 무시해야 한다고 말했습니다. 와이오밍주 출신 앨런 심슨 상원의원은 사담에게 문제는 미국 정부가 아니라 미국 언론이라고 말했지요. "우리 나라에는 헌법 수정조항 제1조 산업이라는 황당무계한 게 있어서 정부가 언론을 문닫게 하지는 못하니까 무시하는 게 최선입니다." 돌 의원은 《미국의 소리*VOA*》에서 사담을 비판하던 평론가 한 명이 잘렸다고 말했습니다. 대표단은 후세인에게 부시의 친구에 대한 부당한 비판을 끝장내기 위해 최선을 다하고 있다고 말했지요. 미국 재무부의 반대를 무릅쓰고 대규모 농업 물자 운송이 개시될 예정이었습니다. 후세인이 쿠르드족을 상대로 서구의 화학무기를 사용해서 황폐화된 지역의 농업을 되살리기 위한 물자였지요.

그로부터 몇 달 뒤 후세인이 실수를 하나 저지릅니다. 지시에 따르지 않고 쿠웨이트를 침공한 겁니다. 침공 허가를 받았다고 생각한 거지요. 이라크 주재 미국 대사 에이프릴 글래스피가 모호한 발언을 한 적이 있었는데, 후세인이 이 말을 침공 허가로 받아들인 겁니다. 후세인은 곧바로 자신이 실수를 했음을 깨닫고 철군 제안을 했습니다. 하지만 미국은 철군을 받아들이려고 하지 않았지요. 미국은 전쟁을 절실하게 원했거든요. 후세인은 이후 9개월 동안 일종의 정치적 타협을 위한 제안을 잇따라 내놨습니다. 미국은 대꾸조차 하지 않았지요. 미국 국무부에서 정보가 유출됐지만, 언론은 보도를 거부했습니다. 한 신문이 그 내용을 보도했는데, 롱아일랜드에서 나오는 타블로이드 신문이었어요. 《뉴욕타임스》가 보도를 거부하자 유출자가 롱아일랜드 교외 신문에 잡동사니 내용을 보낸 겁니다. 나중에 토머스 프리드먼이 그 내용을 언급했지만 이런 정도의 말이었어요. '사담 후세인이 제안을 했다는 소문이 있었지만 국무부는 소문 내용을 반박하고 있다.'

그런 상황 속에서 미국이 침공했습니다. 굳이 침공을 할 필요가 없었고 인기도 없었어요. 신생아들을 인큐베이터에서 내쫓는다거나 후세인이 사우디아라비아를 침공한다고 위협한다거나 온갖 날조된 이야기들이 나왔는데, 나중에 전부 거짓임이 드러났지요. 하지만 미국 국민들을 자극하는 데는 요긴했습니다. 당시 오로지 미국이 이라크 폭격을 지지하는 유일한 나라였습니다.

프라샤드 사담 후세인 군대가 1990년 8월 2일에 쿠웨이트에 진입했습니다. 열흘 뒤인 8월 12일, 그리고 다시 8월 23일에 사담 후세인은 쿠웨이트에서 철수하겠다고 제안했습니다. 쿠웨이트를 점령한 지 열흘 만에 후세인은 이라크 라디오에서 이스라엘이 '아랍 점령지'에서 철수하면 자기도 철수하겠다고 말했습니다. 이스라엘이 점령지에서 철수할 일은 절대 없었기 때문에 그의 철수 제안은 그냥 말장난일 뿐이었지요. 선생님은 이 첫 번째 제안을 언급하지 않으셨는데요. 선생님이 언급하신 8월 23일 제안 당시 이라크는 백악관에 비공개 서한을 보냈습니다. 이게 바로 롱아일랜드의 《뉴스데이》에 보도된 내용이지요.[14] 후세인이 원한 건 쿠웨이트가 측면에서 시추하는, 그래서 이라크가 비난한 루마일라 유전을 "독자적으로 관리"하는 것, 그리고 페르시아만 "항행을 보장받는 것"이었습니다. 이 요구는 수용되지도 않았고 《뉴스데이》 말고는 보도하지도 않았습니다.

몇 달을 질질 끌자 후세인의 요구가 누그러졌습니다. 1991년 1월이 되자 후세인은 거의 아무것도 원하지 않았지요. 그냥 체면만 차리고 군대를 철수시킬 수 있다면 만족했습니다. 이번에는 《뉴욕타임스》가 8면에 기사를 내보냈는데, 팔레스타인해방기구PLO의 야세르 아라파트가 긴장을 완화하기 위해 미국에 메시지를 전한 사실이 계기가 됐습니다.[15] 이 기사에서는 후세인이 이전에 내놓은 제안을 언급하고는 이라크가 거의 아무런 대가 없이 철수할 의지가 있음을 인정했습니다. "몇몇 이라크 관리들은 미국 행정부가 팔레스타인 문제를 우선순위 의제로 다루겠다고 언질만 주면 후세인이 기꺼이 쿠웨이트에서 철수할 생각이 있다고 암시한 바 있다." 하지만 미국은 이런 요구도 받아들일 수 없었지요. 선생님이 말씀하신 것처럼, 미국은 전쟁을 원했으니까요. 사담 후세인이 사실상 항복했다는 사실은 당시에 거의 보도되지 않았을 뿐만 아니라 지금도 아무도 기억하지 못합니다. 전반적인 서사는 미국이 끝까지 버티는 사담 후세인에게 확고한 태도로 일관해서 결국 그를 쿠웨이트에서 쫓아냈다는 겁니다. 이렇게 설명하면 미국은 1991년 전쟁이 영웅적이었다고 주장할 수 있겠지요.

촘스키 맞습니다. 미국의 침공은 위대한 영웅적 업적으로 여겨졌어요. 미군은 인정사정없는 방식으로 극악한 이라크군을 이겨냈습니다. 뉴욕 가판대에서 볼 수 있는 롱아일랜드의 《뉴스데이》에서 주로 이 전쟁이 얼마나 악독한지를 보도했는데, 미국이 불도저를 이용해서 대부분 징집된 농민인 이라크 병사들을 밀어버리는 지경이었어요. 모래와 진흙 속에 묻힌 이라크 농민 병사들을 덮은 땅 위로 군대가 전진했지요. 한편 미국이 사방에 폭탄을 퍼부어서 이라크의 기반시설이 상상을 뛰어넘을 정도로 파괴됐습니다. 조지 H. W. 부시는 당시 벌어진 상황을 명쾌하게 설명했습니다. "우리는 말한 대로 보여주었다. 그걸로 끝이다." 아프가니스탄 전쟁과 마찬가지로, 무력으로 모두를 겁박한 겁니다. 미국은 교섭, 아니 심지어 항복도 원하지 않았습니다. 전 세계에 우리가 말하는 대로 사태가 진행된다는 걸 보여주기 위해 파괴적인 공격을 원한 거지요.

전쟁은 폭격으로 끝난 게 아닙니다. 엄밀하게 말하면 유엔 제재지만, 빌 클린턴이 시행한 가혹한 제재 체제가 이어졌지요. 유엔 외교관들은 석유와 식량을 교환하는 프로그램을 감독하는 임무를 맡았습니다. 이라크가 석유를 판매하고 식량을 비롯한 물자를 받게 하는 프로그램이지요. 제재 체제에서의 이른바 인도적인 부분이었습니다. 유엔의 주요 외교관—데니스 할리데이와 한스 폰 슈포네크—두 명은 항의의 뜻으로 사임하면서 제재 체제가 대량학살을 일으킨다고 비난했어요. 폰 슈포네크는 중요한 책—《다른 종류의 전쟁: 유엔의 이라크 제재 체제*A Different Kind of War: The UN Sanctions Regime in Iraq*》(2006)—에서 당시 진행되던 일을 자세히 설명했습니다. 폰 슈포네크는 당시 어느 서구인보다도 이라크에 관해 더 많이 알고 있었지요. 그가 지휘한 직원들이 이라크를 돌면서 가혹한 사디즘 같은 제재에 관한 정보를 수집했는데, 책에서 이 내용을 상세하게 펼쳐보였습니다. 제재 때문에 국민 전체가 비탄에 빠졌고, 늘 그렇듯이 독재자에 대한 저항의 가능성이 산산이 무너져서 오히려 제재로 독재자를 도운 격이 됐어요. 후세인은 과거에 서구가 인정한 아주 효율적인 식량 배급 체계를 갖고 있었습니다. 제재 때문에 굶주리는 사람들이 지원을 받으려고 후세인의 우산 아래로 모여 들었지요. 독재자들을 잇따라 무너뜨린 것과 같은 저항, 즉 대중적 저항이 여기서는 벌어질 수 없었습니다. 마르코스, 수하르토, 뒤발리에, 그들 모두 이 시기에 대중적 저항으로 몰락했지만, 이라크의 제재 체제 아래서는 그런 일이 불가능했어요. 국민들이 저항에 나설 수 있는 가능성 자체가 잠식되고 오히려 사담 후세인이 힘을 얻었으니까요. 공교롭게도 제재는 보통 그런 효과를 발휘하지요.

폰 슈포네크의 책은 사실상 탄압을 받았습니다. 미국에서는 이 책에 관한 서평이 하나도 나오지 않았어요. 그를 주인공으로 내세운 행사도 거의 없었고, MIT에서 소규모 세미나가 한 차례 열렸을 뿐이지요. 광범위한 청중에게 그의 견해를 소개하는 자리 자체가 없었어요. 2001년까지 이라크 국민들은 자존심을 잃지 않고 살아남으려고 분투했습니다.

미국은 1990년대 내내 이라크에 폭격을 계속했습니다. 마치 이라크 사람들에게 1991년 전쟁이 끝나지 않았음을 각인시키기라도 하려는 듯 말입니다. 그러다 미국은 이라크를 침공할 기회가 생기자 냉큼 행동에 나섰습니다. 2003년 이라크 침공은 미국과 이스라엘을 제외한 세계 곳곳의 압도적인 반전 여론에 거스르는 행동이었어요. 프랑스와 독일에서는 국민들이 미국의 전쟁에 압도적으로 반대했습니다. 그 나라 정부들이 전쟁에 반대하는 목소리를 높일 수밖에 없었던 것은 그런 사정 때문이지요. 토머스 프리드먼은 《뉴욕타임스》에 쓴 글에서 프랑스를 유엔 안보리에서 몰아내야 한다고 말했습니다.[16] 마치 유치원 아이들이 말하는 것처럼 협박한 겁니다. 우리 규칙대로 놀지 않을 거면 딴 데 가서 놀라고 한 거지요. 미국 상원은 구내식당에서 '프렌치' 프라이를 금지했습니다. 프리덤 프라이freedom fries라고 이름을 바꿨어요. 감히 곧이곧대로 여론을 따른 프랑스인들에게 본때를 보여주겠다!

도널드 럼스펠드는 무척 흥미로운 연설에서 구유럽과 신유럽을 구분했습니다. 구유럽은 프랑스나 독일 같은 나라들로 대표되는데, 그들은 압도적인 여론을 따라 미국의 침공에 반대했지요. 반면 신유럽은 자국 국민의 압도적인 반대를 무릅쓰고 미국의 침공을 지지한 일군의 지도자들로 대표되지요. 신유럽의 놀라운 상황에 관한 보도가 많이 나왔지만, 통치자들은 미국을 지지하지만 국민들은 전쟁에 반대한다는 사실을 제대로 보여주지 않았습니다. 가장 극적인 사례인 스페인에서는 호세 마리아 아스나르 총리가 미국의 침공을 지지했는데, 부시와 영국 총리 토니 블레어와 함께 아조레스 제도에 초청받아 침공 지지를 발표했지요. 미국 언론은 아스나르를 극찬했는데, 스페인 국민의 98퍼센트 정도가 전쟁에 반대한다는 사실은 언급하지 않았습니다. 그건 사소한 일이라는 거예요. 신유럽 통치자들은 자국 국민의 압도적 의지를 거스르는 자들이었습니다. 우리가 간단히 잊어버리고 유엔 안보리에서 쫓아내고 싶어 하는 구유럽은 토머스 프리드먼이 말한 것처럼 사실 국민 여론을 충실하게 따른 것이었지요.

그리고 전쟁이 벌어집니다. 인도주의 단체들은 아프가니스탄에서 그런 것처럼, 전쟁 때문에 인도적 위기가 생겨나고 이라크 국민들이 대규모 침공에 대처할 수 없을 것이라고 경고했습니다. 이 단체들은 수십만 명이 사망할 것으로 예상했는데, 드러난 것처럼 결국 과소평가한 셈이었지요. 그건 중요하지 않았습니다. 아프가니스탄의 경우와 마찬가지로, 우리는 마음 내키는 대로 행동하고, 힘을 보여주지요. 그런데 아프가니스탄과 달리 이라크의 경우에는 현실적이고 전략적인 목표가 있었습니다. 석유가 바로 그것입니다. 침공은 잔인한 짓이었고, 몇몇 사건—2004년 11월 2차 팔루자 공격 당시 벌어진 것처럼—은 정말로 충격적이었습니다. 여자와 아이들은 도시를 빠져나갈 수 있었지만 남자들은 남아 있어야 했어요. 그리고 미국 해병대의 대규모 공격이 이뤄졌습니다. 언론에서 대대적으로 치켜세운 공격이지요. 공격 첫날이 기억나는데, 미군이 종합병원을 접수한 과정은 중요한 전쟁범죄입니다. 군인들은 환자를 바닥에 내동댕이치고 의사를 자빠뜨리고 한데 묶었습니다. 언론은 승전보에 한껏 취했습니다. 《뉴욕타임스》에 종합병원 사진이 실렸는데, 병원은 원래 멋진 곳이었다면서 이 공격을 '테러리스트' 탓으로 돌렸습니다.[17] 신문은 미국 해병대가 "복잡한 미로" 속에 "쥐새끼처럼 뒤엉켜 있는 테러리스트들"을 찾아내서 죽였다고 보도했습니다. 얼마나 많은 사람이 죽었는지 아무도 몰라요. 우리는 우리가 벌이는 잔학 행위를 집계하지 않으니까요. 다량의 감손 우라늄, 대량의 방사능 등 위험한 무기가 사용돼 결국 암 발생률이 높아졌습니다. 이라크 의사들과 인권 단체들의 연구가 이어졌는데, 둘 다 거대한 잔학 행위를 보여줍니다. 최악의 범죄는 미국의 침공이 종족 갈등을 부채질했다는 겁니다. 미국이 침공하기 전에는 시아파와 순니파가 함께 살았고, 서로를 미국의 두 개신교 교파처럼 대했습니다. 서로 결혼을 하고, 같은 동네에 살았지요. 누가 시아파고, 누가 순니파인지 알지도 못했어요. 그런데 미국이 점령하고 몇 년이 지나면서 양대 종파가 서로 전쟁을 벌였습니다. 이런 종족 전쟁 또는 종파 전쟁이 중동 각지로 퍼져나가면서 중동 지역 전체가 산산조각이 났습니다.

이라크에서 미국은 자국의 말을 고분고분하게 따르는 정부를 세울 수 없었습니다. 2007년에 미국이 이라크의 압력을 견디지 못하고 철수할 수밖에 없게 되자 문제가 생겼지요. 부시 행정부는 2007년 11월에 주둔군

지위협정을 작성해서 이라크 정부에 받아들일 것을 요구했습니다. 이 협정은 사상 처음으로 미국의 전쟁 동기를 분명하게 언급했습니다. 멀쩡하게 눈 뜬 사람이라면 누구나 이미 아는 사실이었지만, 공공연하게 언명한 것은 이 협정이 처음이었지요. 협정은 미국 대기업들, 즉 에너지 대기업들에게 이라크의 자원을 추출할 수 있는 특권을 제공했습니다. 이게 첫 번째이고, 두 번째는 미국이 이라크에 영구적인 군사기지를 두어야 한다는 것이었습니다. 이 두 가지가 주둔군지위협정의 핵심입니다. 미국 정부가 이 두 지점에서 벗어나지 않을 것임을 모든 사람이 확실히 이해하도록하기 위해, 예산안을 제출한 2008년 1월, 미국 대통령은 예산안 서명 문구에 주둔군지위협정에 담긴 제안과 충돌하는 어떤 것도 무시할 생각이라고 분명히 밝혔습니다. 정말로 진지했던 이 말은 미국이 자국 대기업과 영구적인 군사기지의 존재에 확실히 특권을 부여할 생각이라는 뜻이었지요. 언론은 이 내용을 보도하지 않는 방식으로 협조했고, 전문가와 학자 들도 이를 말하지 않았습니다. 이라크 전쟁에 관한 가장 중요한 발언이었는데 말이지요.

우리는 전쟁의 구실을 알고 있습니다. 첫 번째는 토니 블레어가 이라크 침공에 관한 "유일한 의문"이라고 말한 것입니다. 사담 후세인은 과연 핵무기 개발 프로그램을 중단할 것인가? 그들은 핵무기나 다른 어떤 대량살상무기에 관한 증거를 찾지 못했습니다. 이라크 전쟁 이전에 럼스펠드와 딕 체니는 후세인과 알카에다의 관계를 상정할 수 있는지를 알아내려고 고문 프로그램을 개시했습니다. 양쪽은 서로 적이기 때문에 황당무계한 시도였지만, 두 사람은 몇 가지 증거를 찾아내려고 했지요. 약간의 증거만 있어도 이라크 전쟁이 9-11의 연속선상에 있는 전쟁이라고 주장할 수 있었으니까요. 이라크에서 핵무기 개발 프로그램을 찾아내기 위해 고문 프로그램이 급속하게 확대됐습니다. 콜린 파월은 유엔에서 손에 유리병을 들고 수치스러운 쇼를 했어요. 고문으로 끄집어낸 가짜 정보를 이용해서 유엔에서 이라크 전쟁을 벌이는 구실로 내세운 거지요. 그래도 진실한 사람이라고 여겨지던 파월이 아예 존재하지도 않는 이라크 핵무기 개발 프로그램에 관해 광범위한 날조 정보를 제시한 겁니다. 침공 이후 미국은 핵무기를 비롯한 대량살상무기를 찾으려고 대대적인 수색에 나섰습니다. 그런데 아무것도 없었어요. 유엔 조사관들—유엔 사찰단을 지휘한 스웨덴 외교관 한스 블릭스 같은 사람들—이 전부터 말한 것처럼요. 블릭스는 사찰단이 샅샅이 조사했지만 아무것도 발견하지 못했다고 말했습니다. 점령하고 몇 달이 지나서 미국은 블레어의 "유일한 의문"에 대해 틀린 답을 내놓았음을 인정해야 했습니다.

그런데 흥미로운 일이 생겼어요. "유일한 의문"이 잊힌 겁니다. 조지 W. 부시는 연설에서 미국이 이라크를 침공한 건 이라크에 민주주의를 도입하고 "자유 의제"를 진척시키기 위해서였다고 말했습니다. 모두들 일제히 방향을 돌렸고, 언론은 이라크에 민주주의를 안겨주려는 고귀한 시도를 신나게 떠들어 대기 시작했습니다. 사실상 모든 학자들이 그 장단에 놀아났어요. 그 외중에도 앵거스터스 노턴은 학자 집단 전체가 이게 말도 안 되는 소리라는 걸 내내 알았으면서도 시류에 편승했다고 비판적으로 지적했습니다.

물론 모든 사람의 생각이 같았던 건 아닙니다. 이라크에서 부시의 입장을 지지하는 사람들도 있었어요. 1퍼센트 정도는 민주주의 증진에 동의했지요. 5퍼센트는 미국이 이라크 국민을 도와주기 위해 침공했다고 생각했습니다. 나머지는 지능이 있는 사람이라면 누구나 분명히 아는 사실을 말했습니다. 미국이 이라크의 자원을 차지하기 위해 침공했다는 사실 말입니다. 우리는 그런 말을 할 수 없습니다. 우리는 설령 이라크가 아스파라거스를 생산하고 원유 생산 중심지가 남태평양에 있다 하더라도 미국은 어쨌든 민주주의를 안겨주기 위해 이라크를 침공했을 것이라고 믿어야 합니다. 그게 언론과 학계를 가로질러 거의 한목소리로 말하는 공식적인 입장입니다. 마침내 주둔군지위협정은 이 분명한 입장을 공식적으로 발표했습니다.

이라크는 이제 세계에서 가장 고통스럽고 불행하게 고문에 시달리는 나라로 손꼽힙니다. 이라크에서 싹이 튼 시아파–순니파 갈등은 이제 중동 전역에 널리 퍼졌습니다. 바로 이게 미국 정부의 위대한 업적이지요. 이라크 의회는 미군에 철수를 요청했습니다. 세계 여론에 영향을 받은 것이었지요. 하지만 미국은 이라크 의회가 결정할 때가 아니라 미국이 철수하기로 결정할 때 떠납니다. 그게 미국입니다.

프라샤드 2004년 유엔 사무총장 코피 아난은 BBC에 출연해서 이라크 전쟁을 "불법적인 전쟁"이라고 지칭했습니다. 선생님이 이미 사용하신 표현이지요.[18] 2005년 1월, 조지 W. 부시는 두 번째 취임 연설에서 이렇게 말했습니다. "우리 나라에서의 자유의 생존은 점차 다른 나라에서 자유가 성공하는지에 좌우됩니다." 워싱턴의 싱크탱크들에서는 "자유 의제"와

"민주주의 증진"에 관해 떠들썩하게 목소리를 높였지요. 2006년 1월 팔레스타인 총선에서 하마스가 승리를 거두자 미국 입장에서는 이 모든 노력이 좌절된 것처럼 보였습니다. 미국 국무장관 콘돌리자 라이스는 파타(팔레스타인 자치정부 수반인 마흐무드 압바스가 속한 정당. 아라파트가 이끌던 시절부터 팔레스타인해방기구PLO의 최대 정파이지만 2006년 총선에서 대이스라엘 강경 투쟁을 주장하는 하마스에 패한 뒤 가자지구에서 제2정당으로 밀려났다.—옮긴이) 지도부에 가자의 하마스 지도부를 타도해야 한다고 말했지요. 라이스는 아랍에미리트가 파타에 비상 훈련을 제공하고 이집트가 파타 투사들에게 무기를 전달하도록 주선했습니다. 2007년 파타가 하마스에 대항해 항쟁을 일으킨 것은 미국의 "민주주의 증진" 전략이 허울 뿐임을 드러내는 격이었지요. "다른 나라의 자유"란 그 나라의 정치 지도부가 미국의 전반적인 의제를 충실히 따를 때에만 제대로 작동하는 것 같습니다.

팔레스타인 총선이 끝나고 몇 달 뒤이자 이스라엘이 레바논을 공격하기 몇 달 전인 2006년 4월, 선생님은 웨스트포인트사관학교에서 "정의로운 전쟁" 이론에 관한 아주 중요한 강연을 하셨습니다. 미국 정부는 민주주의나 일정한 형태의 정의를 근거로 이라크 전쟁을 정당화할 필요가 있었지요. 그들은 끊임없이 시달렸습니다. 왜 그들은 솔직하게 "우리는 석유 때문에 여기에 왔다"고 말하지 않는 걸까요? 트럼프는 2011년 《월스트리트저널》의 켈리 에번스에게 말했습니다. "나는 석유를 차지할 겁니다." 하지만 기본적으로 어느 쪽 정치인이든 그렇게 말하지 않지요. 미국이 벌이는 전쟁에 관한 신화에 신빙성을 부여하는 것처럼 보이는 "정의로운 전쟁" 사업 전반의 모순에 관해 조금 말씀을 해주시지요.

촘스키　웨스트포인트에서 한 강연은 흥미로웠습니다. 어느 철학 수업에서 이야기를 해달라고 초청을 받았는데, 전체 학생이 많은 관심을 보여서 사관후보생 전부에게 강의실을 개방한 겁니다. 전체 사관후보생의 절반 정도와 많은 고위 장교들을 대상으로 강연을 했습니다. 아주 흥미로운 청중이었는데 다른 대학교 청중과 크게 다르지 않았어요. 다들 관심이 많았고 좋은 질문들을 던지더군요. 강연이 끝나고 사관후보생들이 다가와서 "우리가 군대에 가는 게 올바른 일이라고 생각하십니까?"라고 질문하고는 "제 책에 사인 좀 해주세요" 하더군요. 이런 강연에서 흔히 마주하는 반응이지요.

　사관후보생들을 대상으로, 특히 정의로운 전쟁 이론에 관해 강연을 하는 건 흥미롭더군요. 1990년대에 정의로운 전쟁 사업은 인도적 개입과 나란히 주요한 주제가 됐습니다. 우연한 일이 아니에요. 1990~1991년 이전에는 모든 잔학 행위나 침공, 공격, 학살에 대해서 손쉬운 변명이 있었습니다. 무엇을 하든 간에 '러시아인들이 쳐들어온다'고 말하면 됐지요. 그걸로 충분했습니다. 복잡한 변명이 필요하지 않았어요. 그런데 소련이 붕괴한 뒤에는 러시아인들이 쳐들어온다고 할 수 없게 됐습니다. 1991년 이후에는 새로운 게 필요했지요. 새로운 주문이 된 "인도적 개입"과 나란히 "정의로운 전쟁" 이론이 등장했습니다. "정의로운 전쟁" 이론에는 역사가 있습니다. 1977년에 프린스턴 고등연구소 교수인 마이클 왈저가 《마르스의 두 얼굴》[19] 이라는 책을 출간했습니다. 저는 이듬해에 《인콰이어리》에 그 책 서평을 썼어요. 그 책은 기본적으로 이스라엘이 벌이는 잔학 행위에 대한 항변입니다. 극찬을 받은 그 책의 내용은 대부분 유엔헌장을 되풀이하면서 침략 전쟁을 하면 안 되고, 유엔 안보리의 승인을 받아야 한다는 등의 온건한 주장을 하는 겁니다. 하지만 왈저가 예외 사항을 소개하면서 책이 흥미로워지지요. 왈저는 수천 년 전쟁의 역사를 훑어보고는 전쟁을 뒷받침하는 논거가 너무도 명백해서 논의할 필요도 없는 사례가 몇 가지 있다고 말합니다. 진주만 공격 이후 미국이 대응한 것은 어떤 정당화도 필요 없었습니다. 노르망디 침공도 마찬가지고요. 굳이 논거를 제시할 필요가 없었지요. 왈저는 이런 종류의 공격으로 대여섯 개의 사례를 듭니다. 그중 하나는 1967년 이스라엘이 이집트와 시리아를 상대로 벌인 선제전쟁preemptive war입니다. 이 전쟁은 명명백백하게 정당한 것이라 논의를 할 필요가 없다는 말이지요. 이 책을 쓸 무렵에 왈저는 이스라엘이 며칠 만에 전쟁에서 승리할 것으로 예상했고, 미국 정보기관이 이집트나 시리아의 저항이 거의 없을 것임을 분명히 밝혔다는 걸 알았습니다. 선제전쟁은 불법적인 범죄 행위이므로, 그는 이스라엘이 왜 손쉽게 승리할 수 있는 선제전쟁을 벌였는지에 대한 논거를 제시해야 했습니다. 왈저는 이스라엘 군인들을 모아 놓고 연출된 토론을 수행하는 이스라엘 책을 한 권 인용하는데, 여기서 군인들은 자신들이 얼마나 고귀한지 그리고 사람에게 총을 쏘는 것을 혐오하지만 그런 강요를 받는다는 사정을 이야기합니다. 그들이 사람에게 총을 쏘는 건 너무나 고통스러운 일이기 때문에, 왈저는 이를 근거로 이스라엘군IDF이 유난히 도덕적인 군대이고 이 군대가 벌이는 전쟁은 본질적으로 정의로운 전쟁이라고 주장하지요. 1977년 왈저의 책은 기본적으로 그런 내용입니다.

　1990년대에 이르면 충분히 예상 가능한 이유로 정의로운 전쟁과 불의

한 전쟁, 인도적 개입 등의 개념이 중대한 문제가 됐습니다. 세르비아와 코소보 침공 당시에 이 문제가 제기됐는데, 나토가 이끄는 이 멋진 인도적 개입으로 유럽과 미국이 얼마나 훌륭한지 보여줘야 했거든요. 그런데 사실은 묘사와는 정반대였습니다. 세르비아와 코소보에는 더없이 완벽한 교섭의 선택지가 있었습니다. 미국은 침공을 하면 잔학 행위가 급격하게 고조될 것임을 분명히 알고서 침공했어요. 클린턴 행정부는 전쟁 전에 나토 장군인 웨슬리 클라크에게 그 점에 관해 브리핑을 받았습니다. 사실 클라크는 기자회견에서도 똑같은 이야기를 했어요. 폭격이 시작되면 세르비아가 지상에서 대응해서 잔학 행위가 대대적으로 확대될 거라고 말했지요. 폭격 전에 잔학 행위에 관한 이야기가 엇갈리는 불쾌한 상황이었습니다. 침공을 하면 잔학 행위가 늘어날 것임을 알고서도 침공이 이루어졌고, 실제로 잔학 행위가 급증했습니다. 그런데 잔학 행위가 급증하자 이를 침공을 정당화하는 구실로 사용했습니다. 거의 관행처럼 천편일률적으로, 선후관계가 뒤바뀐 겁니다. 코소보 전쟁을 조사한 골드스톤위원회조차 시간 순서를 뒤집으면서 잔학 행위 때문에 인도적 개입이 이루어졌다고 말했습니다. 사실은 잔학 행위가 침공의 예견된 결과이지 그 원인이 아니었는데 말이지요.

프라샤드　《골드스톤보고서》도 이 개입이 불법임을 인정할 수밖에 없었습니다. 유엔 안보리 결의안을 얻어내지 못했으니까요. 그런데도 보고서는 "정치적, 도덕적으로 정당한" 개입이었다고 말했습니다.

촘스키   그 문제는 이어지는 내용에서 중요해집니다. 유고슬라비아 전쟁과 1990년대 인도적 개입에 관한 논의에서 '보호책임Right to Protect, R2P'이라는 새로운 원칙이 나왔습니다. 국제 문제 문헌과 언론에서 '보호책임' 원칙을 다루는 방식은 굉장히 흥미롭지요. 사실 두 가지 형태의 '보호책임'이 있습니다. 불법적 전쟁들 가운데 유엔 안보리 결의안이 없지만 그래도 "정치적, 도덕적으로 정당한" 전쟁들을 구분하면서 생겨난 것이지요. 하나는 유엔의 공식적인 '보호책임'으로, 2006년부터 유엔 총회 결의안에 따라 성문화된 겁니다. 한 나라에서 내부 탄압이 벌어지고 개입을 요구하는 압력이 나타난다 해도 안보리의 승인이 없으면 외부에서 군사력을 사용할 수 없습니다. 바로 이게 공식적인 형태의 '보호책임'입니다. 다른 하나는 개러스 에번스가 이끄는 캐나다위원회에서 나온 겁니다. 오스트레일리아의 전 외무장관으로 초강경파인 에번스는 오스트레일리아가 인도네시아의 동티모르 침공을 지원하는 것을 확고하게 지지한 인물이지요. 에번스 위원회가 《개입과 국가 주권에 관한 국제위원회 보고서 *Report of the International Commission on Intervention and State Sovereignty*》에서 제시한 '보호책임'은 공식적인 형태와 거의 판박이인데, 한 가지 핵심적인 차이가 있습니다. 지역 차원의 군사 동맹이 유엔 안보리의 승인을 받지 않고도 자기 지역 내에서 군사 개입을 실행할 수 있다는 문단이 하나 있는 겁니다. 따라서 이 경우에 코소보 개입은 "불법"이 아니게 됩니다. 지역 동맹인 나토가 개입을 했기 때문이지요.

그런 개입을 할 수 있는 지역 차원의 군사 기구가 무엇일까요? 물론 나토지요. 나토가 담당하는 지역은 어디입니까? 북대서양이 아니라 전 세

물러나다

계입니다. 따라서 '보호책임'이란 유엔헌장을 고수한다면서도 하나의 예외를 둔다는 뜻입니다. 유고슬라비아의 경우처럼 나토가 마음 내키는 대로 어느 나라든 침공해서 파괴할 수 있다는 거지요. 물론 여기서 나토란 미국을 의미합니다. 다른 나라들은 유엔 안보리의 승인도 없이 질질 끌려 다니는 거고요. 이 문제에 관한 문헌을 살펴보면, 유엔식 '보호책임'에 호소하면서 개입을 정당화하지만, 사실은 에번스식 '보호책임'의 노선을 따라 개입이 이루어집니다. 유엔헌장에 호소하면서도 에번스-나토 예외에 근거해서 행동하는 겁니다. 아주 깔끔한 선전의 성과입니다. 우리는 인도적 개입, 즉 마음 내키는 대로 누구든 공격할 수 있습니다. 인도적이라고 말할 수 있으니까요. 그리고 이런 개입을 지지하는 유엔의 '보호책임' 결의안이 있으니까 정당성이 확보됩니다. 다만 유엔식을 따르면 유엔 안보리 결의안 없이 개입할 수 없는데, 이것은 사소한 난관입니다. 이러한 이데올로기는 국가 폭력을 지지하는 공식 원칙처럼 보이는 내용을 기꺼이 반사적으로 수용하는 것일 뿐입니다.

코피 아난은 미국의 이라크 전쟁이 범죄라고 말했습니다. 교과서적인 범죄—침략 전쟁—의 사례인데, 나치 전범들은 이런 범죄로 교수형을 당했습니다. 이라크 침공의 정당성을 뒷받침하는 믿을 만한 근거와 유엔 안보리의 승인이 없었고, 전 세계 인구의 압도적 다수가 반대했고, 그럼에도 침공을 강행해야 하는 그 어떤 이유도 없었습니다. 히틀러는 "폴란드인들의 노골적인 테러"를 구실로 내세우며 폴란드를 침공했습니다. 평화의 이름으로 폴란드인들을 억눌러야 한다는 거였지요. 주데텐란트를 장악한 히틀러는 사람들이 충돌하고 있는 지역에 평화와 안전을 가져다가기 위해 행동에 나섰고, 나치가 독일 문명의 이점을 안겨줄 것이라고 말했습니다. 워싱턴이 이라크를 침공하면서 내세운 구실도 그만큼 믿음이 가지 않습니다. 미국과 서방 주류의 논평을 아무리 샅샅이 뒤져봐도 어느 누구도 이라크 전쟁이 뉘른베르크 전범 재판으로 귀결된 독일 나치의 침략 전쟁과 똑같은 범죄라고 말하지 않습니다. 기껏해야 오바마 같은 사람이 이라크 침공을 "전략적 실수"라고 지칭하는 걸 발견할 수 있을 뿐이지요. 나치 장군들도 스탈린그라드 전투 이후에 오바마처럼 말했습니다. 이라크 전쟁에 찬성하지 않는다고 말한 사람들은 오늘날 용감하고 정직하다고 극찬을 받고 있습니다. 이라크 공격이 범죄적 시도였다고 말하는 사람을 찾아보세요. 뉘른베르크 재판을 진지하게 받아들인다면, 이라크 전쟁을 획책한 사람들을 뉘른베르크 원칙에 따라 재판에 회부해야 합니다. 뉘른베르크 당시 미국의 수석 검사였던 로버트 잭슨 대법관은 재판이 끝날 때 아주 흥미로운 말을 했습니다. "우리는 이 피고인들에게 '독이 든 성배'를 건네는 셈입니다. 만약 우리가 비슷한 범죄를 저지르면 똑같은 결과를 감당해야 합니다. 그렇지 않으면 전범재판소가 희극이 될 테니까요." 이 발언에서 각자 나름의 결론을 끌어낼 수 있겠지요.

프라샤드 웨스트포인트 강연에서 선생님은 타키투스의 말을 인용하셨습니다. "강자는 자기 마음대로 행동하고, 약자는 강요받는 대로 행동한다." 선생님은 "당신들은 그곳을 사막으로 만들면서 평화라고 부른다"라는 말을 여러 차례 인용하신 것처럼, 타키투스를 종종 인용하시는데요. 지난 10년 동안 전쟁의 파편 속에서 악전고투하는 이라크의 상황에 관해 진지하게 논평한 이는 거의 없었습니다. 타키투스의 인용문을 뒤집어보자면, '그곳을 정글로 만들면서 전쟁이라고 부른다'가 될 텐데요. 미국은 이라크에 잔류해야 하는 이유를 어떻게든 찾아내는 것 같습니다.

미국은 1991년 이라크를 폭격하고, 1990년대 내내 가혹하기 짝이 없는 제재 체제를 유지하고, 2003년에 다시 폭격하고, 이후 몇 년간 침공과 점령을 되풀이했습니다. 이렇게 이라크를 상대로 장기전을 벌이는 이유는 아주 많지요. 이라크의 쿠웨이트 침공, 대량살상무기 위협, 민주주의를 창조할 필요성, 알카에다에 이어 이슬람국가ISIS가 가하는 위협, 쿠르드족을 보호할 필요성 등등 말이지요. 이런 변명들이 쏟아져 나온 다음, 이내 몇 가지는 사라집니다. 그런데 쿠르드족의 사례는 특히 눈에 띄는데, 그들이 미국의 힘을 보여주는 데 톡톡히 역할을 하기 때문입니다. 선생님은 이라크 북부에 있는 쿠르드족 지역이 1991년 이래 어떤 역할을 했다고 보십니까?

촘스키　1991년에 미국이 쿠웨이트에서 이라크 군대를 몰아낸 뒤, 이라크 국민들이 후세인 정권의 잔여물을 뒤집어엎기 위해 떨쳐 일어섰습니다. 미국은 북쪽으로 도주하는 이라크 군인들을 폭격해서 나중에 '죽음의 고속도로'라는 이름이 붙은 경로를 따라 후퇴하는 그들을 대량학살했어요. 미국은 이라크 국민들에게 봉기해서 정부를 타도하라고 부추겼습니다. 미국이 폭격을 가한 이라크 남부 사람들은 실제로 후세인에 대항하는 항쟁을 개시했는데, 후세인이 군대를 그쪽으로 돌려서 엄청난 대량학살을 자행했습니다. 미국은 수수방관할 뿐이었지요. 미국이 항쟁을 촉구했는데 막상 후세인이 항쟁을 진압하자 미국은 자기들은 다른 나라에 개입하지 않기 때문에 아무것도 할 수 있는 게 없다고 말했습니다. 그 사태에 관해 부정적인 논평이 나오면서 일부 진보주의자들은 미국의 개입을 요청했지만, 사실상 어떤 일도 벌어지지 않았습니다. 이라크 남부에서는 기껏해야 그 정도까지였던 겁니다.

이라크 쿠르드족이 사는 북부에서 봉기가 일어났을 때는 보도가 달랐습니다. 서구 기자들의 보도는 '여기 있는 이 파란 눈의 아이들이 괴물한테 공격을 당하고 있다'는 식이었지요. 부시는 뭔가 행동에 나서야 했기 때문에 '비행금지구역'을 설정했습니다. 사실 의미가 있는 행동이긴 했지만 그 이유는 끔찍했습니다. 어쨌든 비행금지구역 덕분에 이라크 북부의 쿠르드족이 상당한 독립성을 확보했습니다. 그런데 유감스럽게도 쿠르드족 내부에서 벌어진 상황은 썩 좋지 않았어요. 부패하고 잔인한 두 그룹이 존재했기 때문입니다. 그들은 이 기회를 활용해서 1991년 사담의 공격에서 벗어났습니다.

쿠르드족을 겨냥한 공격은 정말로 끔찍한 범죄 행위였습니다. 최악의 사태는 1980년대에 벌어졌는데, 1988년 안팔 작전 당시 할라브자시에서 쿠르드족에게 독가스를 사용한 적도 있습니다(이란을 겨냥한 화학전과 나란히 벌어진 거지요). 쿠웨이트 침공이 심각한 범죄이긴 해도 이미 참혹한 이라크 정부의 기존 기록에 비하면 별 게 아닙니다. 하지만 1980년대에 후세인은 미국과 영국, 서독이 선호하는 동맹국이자 무역 파트너였습니다. 이 나라들은 사실상 이라크의 범죄를 사주했습니다. 레이건 행정부는 심지어 쿠르드족에 대한 독가스 공격에 의회가 대응하는 걸 막으려고 했습니다. 상원 외교위원장 클레이본 펠이 "이번에도 종족 학살에 침묵을 지켜서는 안 된다"고 호소하려 했지만 무위로 돌아갔지요. 레이건은 워낙 확고하게 후세인을 지지했기 때문에 할라브자 학살 사건이 벌어지고 몇 달 뒤 《에이비시》 통신원 찰스 글래스가 사담이 생물학전 프로그램을 진행하는 장소 한 곳을 폭로했지만 워싱턴이 그 사실을 부정했고, 기사는 사라졌습니다.

비행금지구역이 설정되어 쿠르드족에 대한 이러한 공격이 가로막혔습니다. 쿠르드족은 지역 곳곳에서 잔인하고 악독하게 탄압을 받았습니다. 쿠르드족의 대다수는 튀르키예에 있는데, 이 나라에서 최악의 탄압이 벌어졌어요. 이라크 북부의 비행금지구역 설정은 미국이 튀르키예에 군사 원조를 늘리는 것과 동시에 이루어졌습니다. 튀르키예는 이후 동남부 지역에서 쿠르드족에게 무자비한 공격을 퍼부었어요. 클린턴 대통령 시절에 벌어진 일입니다. 쿠르드족을 겨냥한 테러가 정점에 달한 1998년 무렵, 미국의 원조도 최고조에 달했습니다. 이런 상황에 대한 언론 보도가 전혀 없었고, 《뉴욕타임스》도 대체로 입을 다물었습니다(《뉴욕타임스》는 튀르키예에 지국이 있고 아주 훌륭한 기자―스티븐 킨저―도 있었지만 아무 소용이 없었어요. 킨저는 나중에 이 문제에 관해 훌륭한 기사를 씁니다). 기본적으로, 튀르키예 동남부에서 벌어진 사태는 거의 보도되지 않았습니다. 여기저기 단편적인 기사를 찾을 수 있지만 많지 않아요.

저는 이런 잔학 행위의 악순환이 끝나는 2002년 2월에 튀르키예를 방문했습니다. 대담하고 용감한 쿠르드족 인권 활동가 두세 명을 찾아가 만났는데, 많은 활동가들이 감옥에 갇히고 고문을 당했는데도 여전히 활동하고 있었습니다. 이 놀라운 사람들의 이름은 언급하지 않겠지만, 그들과 함께 쿠르드족의 주요 도시인 디야르바키르로 갔습니다. 튀르키예 군경이 우리를 따라왔는데, 자신들이 감시 중이라는 걸 노골적으로 드러내더군요. 내 튀르키예 친구들은 아이들이 쿠르드 깃발을 암시하는 옷을 입고서 거리에서 노는 모습을 보면 다른 방향으로 발길을 돌렸습니다. 만약 우리가 그쪽으로 가면 아이들 가족이 폭력적인 탄압을 받게 된다는 이유에서였지요. 사람들은 입을 여는 걸 두려워했습니다. 저는 '테러와의 전쟁'에서 생겨나는 몇 가지 주제들에 관해 그곳에서 강연을 했습니다. 사람들이 많은 질문을 했는데, 미국이 이라크를 상대로 전쟁을 벌일지, 전쟁이 벌어지면 쿠르드족은 어떻게 될지 등에 관해 묻더군요.

프라샤드 선생님의 디야르바키르 대화는 기록으로 남아 있습니다. 미국이 이라크를 상대로 전면 공격에 나설 가능성이 있는지 물은 사람에게 선생님이 하신 답변은 곱씹어볼 가치가 있지요.

촘스키 나는 당시에 이렇게 말했습니다. "요즘 의제에 올라 있는 중요한 문제이지요. 미국이 이라크를 공격하려는 데는 두 가지 이유가 있습니다. 첫 번째는 내부, 즉 미국의 국내적인 이유입니다. 만약 당신이 부시 행정부 보좌관이라면 뭐라고 말할 건가요? 국민들이 엔론 스캔들에 집중하게 만들고, 예정된 부유층 조세 감면으로 모든 사회복지 프로그램이 훼손되고 대다수 국민이 심각한 고통을 겪게 된다는 사실에 집중하게 할 건가요? 당신이 보좌관이라면 국민들이 이런 정책에 관심을 갖기를 원할까요? 당연히 아니지요. 부시의 보좌관이라면 국민들이 겁에 질려서 권력의 우산 아래 모여들고, 정부가 한 줌의 부자-권력자 집단을 위해 일하면서 국민들에게 하는 짓에 관심을 갖지 않기를 바라겠지요. 그러니까 군사적 충돌이 필요한 겁니다. 국내적 측면은 이렇고요. 국제적 측면을 보면, 이라크는 세계에서 두 번째로 원유 매장량이 많은 나라입니다. 첫 번째가 사우디아라비아고, 이라크가 두 번째지요. 미국은 분명 권력과 부의 이 거대한 원천을 장악하는 걸 포기하지 않을 겁니다. 게다가 지금 당장 이라크 석유가 국제 체제로 복귀한다면 미국 에너지 기업이 아니라 대부분 러시아와 프랑스 등 다른 나라들의 수중에 들어갈 거예요. 미국은 그런 상황을 내버려두지 않을 겁니다. 그러니 미국은 이라크가 미국의 통제 아래 국제 체제에 다시 진입하도록 보장하기 위해 이런저런 방식으로 노력을 기울일 게 아주 확실합니다.

그런데 어떻게 이를 달성할 수 있을까요? 음, 알다시피 튀르키예에서 논의되고 있는 한 가지 계획은 미국이 튀르키예를 일종의 용병 군대로 활용하고 미국이 2000피트 상공에서 폭격을 가하는 가운데 이라크 북부를 지상군으로 정복하는 겁니다. 튀르키예는 그 대가로 모술과 키르쿠크의 석유 자원을 손에 넣을 수 있습니다. 이 두 곳은 언제나 튀르키예의 일부로 간주되던 지역이지요. 그리고 미국은 적들—러시아와 프랑스, 그밖의 나라들—이 그 지역의 석유에 대한 특권을 누리는 걸 막을 수 있습니다. 한편 미국은 모종의 방식으로 남부를 차지할 겁니다. 쿠르드족은 어떻게 될까요? 그건 생각하기도 싫군요. 어떤 식으로든 끔찍한 학살이 일어날 겁니다. 이 소용돌이의 한가운데에 있을 테니까요. 튀르키예로서는 옳고 그룹의 문제를 떼어놓고 보더라도 아주 위험한 행동이 될 겁니다. 그리고 미국으로서도 아주 위험한 행동이 될 거예요. 이 지역 전체를 날려버릴 수 있으니까요. 사우디아라비아에서 혁명이 일어날 수도 있어요. 아무도 모를 일이지요. 부시 행정부의 구성원들이 이런저런 비슷한 계획을 추진하고 있는데, 그 논리가 뭔지 우리는 알 수 있습니다. 이런 계획을 실행하도록 허락을 받는가는 또 다른 이야기이지요. 저는 다소 회의적입니다. 반론이 너무 강하거든요. 하지만 그들 스스로도 그들을 알지 못하고, 다른 누구도 확실하게 그들을 알지 못합니다."

당시에 이스탄불에서 일하는 한 인권 활동가가 저를 슬럼가로 데려갔는데, 아주 충격적이었어요. 이스탄불 대다수 사람들은 이런 곳이 존재하는지도 모릅니다. 중산층은 아예 가지 않는 곳이고, 수십만, 아니 수백만 명의 난민이 우글거리는 곳입니다. 튀르키예 동남부 쿠르드족 지역에서 도망쳐온 사람들인데, 결국 이런 생활환경에서 살지요. 한 가족이 좁은 방 하나에 살고 있는데, 아버지는 살해당할까 두려워서 밖에 나가지 않고, 어쩔 수 없이 아이들이 일하러 나갑니다. 아이들이 어디서 일하는지 묻고 싶지 않았지만, 적어도 그들은 목숨을 부지하면서 푼돈이나마 벌어 오더군요. 제가 여러 나라를 여행하면서 많은 걸 봤지만, 일찍이 본 적이 없는 끔찍하게 비참한 삶이었습니다. 클린턴 행정부가 보낸 미국 무기 때문에 쿠르드족 수십만 명이 집에서 쫓겨난 겁니다. 이 문제에 관해서는 누구도 말하지 않습니다. 튀르키예를 이후 몇 차례 더 방문했는데, 쿠르드족 지역에 대한 격렬한 공격만 보자면 조금 나아졌더군요. 1990년대만큼 나쁘지는 않다는 말입니다. 정말 소름끼치는 탄압의 기록입니다.

프라샤드 2002년 2월에 디야르바키르의 쿠르드족 사람들이 선생님에게 물었던 전쟁은 1년 뒤에 실제로 벌어졌습니다. 전쟁 때문에 그 지역 전체가 혼란에 빠지면서 지역 열강들이 교착 상태에 빠졌던 여러 기획을 완수하겠다며 나서는 무대가 활짝 열렸습니다. 이런 시도는 대부분 철저하게 실패했지요. 가령 튀르키예 정부는 마침내 '쿠르드족 문제'를 진압하고 오래 전부터 튀르키예 영토로 간주하던 시리아의 여러 지역을 손에 넣기를 기대했습니다. 2011년에 시작된 대시리아 전쟁 중에 튀르키예 정부가 노린 목표 중 하나였지요. 하지만 이런 기대는 수포로 돌아갔습니다. '쿠르드족 문제'가 마무리되지 않았고, 튀르키예가 한동안 장악했던 시리아의 그 지역들을 유지하지도 못했기 때문입니다. 2003년 미국의 이라크 전쟁을 계기로 생겨난 지속적인 변화가 하나 있다면 그건 튀르키예의 성장이 아니라 그 지역에서 이란의 역할과 관련된 사항입니다. 이란은 이라크와 시리아에서 상당히 영향력을 키웠고 레바논과의 연계도 심화했습니다. 이 시기에 미국은 이란을 원래의 국경선으로 밀어내려고 했지요. 2005년에 시리아책임법이 만들어졌는데, 미국은 이 법을 이용해서 이란과 손을 잡은 시리아를 응징하려고 했습니다. 2006년에 미국이 승인한 가운데 이스라엘이 레바논을 공격한 건 헤즈볼라에 역점을 둔 행동이었지요. 그리고 느닷없이 "핵 문제"를 들고 나와서 미국과 유럽이 이란에 집중적인 제재를 가했습니다. 이란을 원래의 국경선으로 밀어내려는 이런 시도에 관해 조금 설명해 주시겠습니까?

촘스키 이란을 원래의 국경선으로 밀어낸다는 건 영향력을 이전처럼 축소한다는 뜻입니다. 이란은 레바논을 침공하지 않았습니다. 레바논은 다원적인 사회로 많은 시아파 국민들이 이란과 밀접한 관계가 있습니다. 신학적으로만이 아니라 가족적 유대도 있지요. 헤즈볼라는 기본적으로 레바논에 있는 시아파 공동체의 주요 세력입니다. 이란은 이라크를 침공하지 않았어요. 반대로 1980년에 이라크가 이란을 침공했지요. 하지만 이란은 시아파의 종교적 연계를 통해 이라크에 장기적으로 영향을 미쳤습니다. 미국이 생각하는 이란의 위협은 중국의 위협과 비슷한 겁니다. 영향력을 확대하는 게 문제가 되는 겁니다. 중국처럼 이란도 미국의 명령을 따르지 않습니다. 샤 시절에는 미국 말을 고분고분 들었고, 그때는 모든 게 좋았지요. 핵무기 얘기가 나와서 말인데, 이란의 샤는 핵무기를 개발하겠다고 말했고 미국도 그를 지지했습니다. 그로부터 10년 뒤 미국은 이라크에 핵무기를 전달하려는 시도의 일환으로 이라크 핵공학자들을 초청해서 고등 훈련을 진행했습니다. 말 잘 듣는 지배 엘리트라면 만사형통이지요. 하지만 명령을 따르지 않는다면 조심해야 합니다. 이란은 1980년 이라크가 침공하고 이후 화학전 공격을 할 때까지는 핵무기 개발 프로그램이 없었습니다. 하지만 그 후 핵무기에 반대하는 파트와fatwa(율법적 결정)를 발표한 아야톨라 호메이니조차도 이란에 자위 수단이 있어야 한다고 느낀 게 분명해요. 이 프로그램은 2003년까지 계속되다가 하타미 대통령이 중단시켰습니다. 그 후로 이란은 핵에너지를 개발했는데, 핵무기를 개발하거나 핵무기 역량을 개발하려는 시도를 했다는 증거는 전혀 없었습니다. 많은 나라들이 핵무기를 보유하고 있지만 이란은 없지요.

2000년대에 전개된 핵무기 문제를 꼼꼼하게 살펴봅시다. 이란 핵무기의 위협이 과연 존재합니까? 이란이 핵무기가 있다고 가정해 봅시다. 어떤 위협이 있을까요? 만약 이란이 핵무기를 미사일에 탑재하려고 시도하면 나라 자체가 순식간에 사라질 겁니다. 억지 수단이 아니라면 이란이 핵무기로 할 수 있는 일은 하나도 없어요. 미국에는 문제가 되겠지요. 미국이 파괴하려고 하는 나라가 억지 능력을 갖는 걸 용납할 수가 없으니까요. 그렇지만 논의를 위해서 이란의 핵무기 위협이 존재한다고 가정해 봅시다. 그 위협을 종식시킬 방법이 있을까요? 간단한 방법은 중동에 비핵지대를 만드는 겁니다. 세계 곳곳에 그런 지대가 있습니다. 하지만 현실에서 제 기능을 하지 못합니다. 미국이 해외 군사기지에 핵무기를 배치하거나 핵무기를 탑재한 잠수함을 숨겨 두는 식으로 비핵지대 합의를 모조리 위반하니까요. 펠린다바조약(2009)에 근거한 아프리카 비핵지대 조약이 있는데, 미국은 영국이 지지하는 가운데 영국령인 디에고가르시아 섬을 핵시설을 갖춘 군사 기지로 바꾸는 식으로 이 조약을 위반하고 있지요. 그러니 비핵지대 조약이 성립될 수가 없어요. 태평양에도 비핵지대가 있는데, 미국이 특정한 몇몇 섬에 핵무기 시설을 고집하기 때문에 조약이 발효될 수가 없습니다. 중동 비핵지대가 가장 중요해질 겁니다. 국제원자력기구IAEA가 집중적으로 사찰을 해서 제대로 기능하는 중동 비핵지대를 설정하지 않는 이유가 뭘까요? 이미 '포괄적 공동행동계획JCPOA'이란 이름으로 이란 핵합의를 실행한 경험이 있어요. 미국이 일방적으로 손을 떼기 전까지 제 기능을 했습니다. 이 계획에는 미국 정보기관 등의 집중적인 사찰이 포함돼 있습니다.

집중적 사찰을 진행하는 비핵지대를 만듭시다. 이런 비핵지대를 만드는 데 문제가 있을까요? 없어요. 아랍 각국이 25년 동안 이런 비핵지대를 요구했습니다. 이란은 강력하게 지지했고요. 남반구 130개국이 참여하는 G77도 아주 강력하게 지지합니다. 유럽도 전혀 반대하지 않고요. 그런데 문제가 뭘까요? 항상 한 나라가 문제지요. 미국이 허용하지 않는 겁니다. 미국은 국제회의에서 중동 비핵지대 제안이 나올 때마다 죄다 비토를 합니다. 2015년 핵확산 금지 조약NPT 회의에서 이 안이 나왔을 때 오바마가 거부했지요. 그 후로도 미국은 이를 가로막고 있습니다.

미국은 왜 이 조약을 가로막는 걸까요? 다들 그 이유를 알면서도 큰소리로 말하지는 않지요. 군축 진영에서만 목소리를 높일 뿐입니다. 이 조약이 수용되면 이스라엘의 핵무기 시설이 사찰을 받아야 합니다. 《뉴욕타임스》는 첫 번째 사설에서 이렇게 말했습니다. 이봐, 우리한테 좋은 생각이 있어: "중동에 비핵지대를 설정해서 이란의 위협을 끝장내는 건 어때?"[20] 그리고 각주를 달지요: 이스라엘의 핵무기는 교섭 대상이 아니다. 비핵지대를 만들 수는 있는데, 거대한 핵무기 저장고를 가진 한 나라는 예외로 둔다는 겁니다. 미국은 이스라엘이 핵무기를 보유하고 있다는 걸 공식적으로 인정하지도 않습니다. 하지만 적어도 《뉴욕타임스》는 핵무기의 존재를 언급했어요. 이런 류의 언론에서 언급한 걸 처음 보았습니다. 미국은 미국 법률의 함의 때문에 이스라엘의 핵무기를 인정하지 않습니다. 어떤 나라가 국제적 협정의 틀 바깥에서 핵무기를 개발하면, 미국이 그 나라에 광범위한 경제, 군사 원조를 제공하는 것을 금지하는 법적 문제가 발생합니다. 시밍턴수정안Symington Amendment 같은 것들에 의해서요. 국제원자력기구 바깥에서 진행된 이스라엘의 핵무기 개발 프로그램을 인정하면, 미국은 이스라엘에 보조금 지급을 중단하고 군사 협력도 중단해야 합니다. 아무도 그 문을 열려고 하지 않지요. 미국에서 상당한 팔레스타인 연대 운동이 벌어진다면 이를 인정하도록 압박을 가해야 합니다. 결론적으로 잠재적인 이란 핵무기 개발 프로그램에 대처할 수 있는 간단한 방법이 있지만, 아무도 그걸 밀어붙이지 않습니다. 그게 목적이 아니니까요.

프라샤드 이란이 '포괄적 공동행동계획'에 서명한 2015년, 이란 외무장관 자와드 자리프는 "중동 전체가 핵무기를 없애야 한다"고 말했습니다. 일찍이 1974년에 이집트와 이란이 상정한 적 있는 중동 비핵지대 구상을 진척시킬 수 있는 완벽한 기회였지요. 현재 세계에는 다섯 개의 비핵지대가 존재합니다.

1. 라틴아메리카와 카리브해 지역의 핵확산 금지 조약(틀라텔롤코조약), 1967
2. 동남아시아 비핵지대 조약(방콕조약), 1977
3. 남태평양 비핵지대 조약(라로통가조약), 1986
4. 아프리카 비핵지대 조약(펠린다바조약), 2009
5. 중앙아시아 비핵지대 조약, 2009

이란은 핵확산 금지 조약 회원국입니다. 이 조약에 따라 핵에너지 보유국 지위가 보장됩니다. 이를 바탕으로 국제원자력기구는 이란의 핵산업을 감독하지요. 하지만 이스라엘은 핵확산 금지 조약 회원국이 아니고, 국제원자력기구의 감독도 받지 않으면서도 핵무기를 점점 늘리고 있습니다. 이스라엘은 '의도적 모호성amimut' 정책에도 불구하고 핵에너지 보유국이 아니라 핵무기 보유국으로 알려져 있다는 점을 지적하는 게 중요합니다. 미국은 1960년 7월부터 이스라엘의 핵무기 개발 프로그램을 알고 있었습니다. 그해 12월에 이르러 미국 정부는 특별국가정보평가(SNIE 100-8-60)에서 이스라엘이 "베르셰바에서 가까운 네게브 사막에 원자로를 건설하고 있으며 최소한 이 시설의 주요한 목적 가운데 하나가 핵무기용 플루토늄 생산"임을 인정했습니다. 1969년에 닉슨 행정부는 이스라엘이 "핵무기를 제조할 수 있는 모든 부품을 전부 갖추고 최종 조립과 시험만 기다리고 있다"는 충분한 증거를 확보했어요. 1969년 7월 19일자 보고서에 국무장관 헨리 키신저는 이렇게 썼습니다. "근동 지역에 핵무기가 도입되면 이미 위험한 상황에서 더욱 위험이 고조될 텐데, 이는 우리의 이익에 부합하지 않는다고 판단한다." 하지만 키신저는 이스라엘의 핵무기 개발 프로그램을 쟁점으로 삼는 것을 꺼렸지요. 닉슨에게 제출한 보고서의 결론에서 키신저는 "우리의 주된 목표는 이스라엘의 핵무기를 비밀에 붙이는 것"이라고 말했습니다.

그 후로 미국은 이런 입장을 고수하고 있습니다. 1959년에 이스라엘에 원자로용 중수重水를 제공한 건 노르웨이였고, 2012년에 이스라엘 핵무기를 억제하려고 한 건 이웃 나라인 핀란드입니다. 2012년 12월 헬싱키에서 개최하려던 중동 비핵지대 회의는 이스라엘의 압력으로 무산됐습니다. 핵확산 금지 조약의 189개 회원국—이란 포함—이 참석을 약속

했었지요. 이스라엘은 거부했습니다. 이스라엘 외에 핵확산 금지 조약에 가입하지 않은 나라가 인도, 파키스탄, 남수단입니다(북한은 1985년 핵확산 금지 조약에 가입했는데, 1993년에 탈퇴를 선언했다가 번복했고, 2003년에 다시 탈퇴를 선언했다.─옮긴이). 2013년 9월, 이란 대통령 하산 로하니는 유엔 총회에서 이스라엘이 "이제 더는 지체하지 말고" 핵확산 금지 조약에 가입해야 한다고 말했습니다. 텔아비브에서 열린 총회에는 무거운 침묵만 흘렀지요. 선생님도 말씀하신 것처럼, 그 지역에서 상습적으로 합의를 어기는 나라─이스라엘─는 국제 협정을 수용하거나 서아시아에서 평화지대를 창설하는 데 조력하는 걸 거부합니다. 그런데 이스라엘만 그러는 건 아니지요. 미국은 현재 페르시아만 곳곳에 있는 자국 기지에 핵무기를 배치하고 있습니다. 바레인부터 카타르까지, 멀리는 지부티까지 말이지요. 중동 비핵지대가 만들어지면 미국이 중동 지역 곳곳의 해역에 전술 핵무기를 배치해두는 관행을 끝내야 합니다. 2015년 5월, 미국과 영국은 핵확산 금지 조약 회원국 회의에서 나온 최종 문서를 폐기해 버렸습니다. 중동 비핵지대 개념이 담겨 있었기 때문이지요. 아랍 각국과 이란은 지역 내의 극심한 분열 상황에도 불구하고 이 개념에 합의했습니다. 이스라엘과 서구만 반발했어요. 이것만 봐도 누가 서아시아에서 평화를 가로막는 장애물을 유지하고 감독하는지 잘 알 수 있지요.

촘스키　이스라엘은 비핵지대 같은 건 원하지 않습니다. 서아시아에서 자신들에 대한 억지력을 원하지 않는 거지요. 이스라엘은 걸핏하면 시리아를 폭격하고, 여러 차례 레바논을 침공했으며, 지금도 팔레스타인 점령을 계속하고 있습니다. 이스라엘의 정책이 얼마나 유해한 영향을 미치는지 제가 직접 본 것만 여러 번이에요. 이스라엘은 이 지역에서 억지력을 바라지 않습니다.

이란은 중국의 축소판입니다. 누구에게도 겁먹지 않고 명령을 따르지 않지요. 이란은 일정한 억지력을 개발할 수 있겠지만, 미국과 이스라엘은 그걸 원하지 않습니다. 이스라엘을 누구도 건드릴 수 없는 신성한 소로 대접하지만 않으면, 핵무기 문제는 쉽게 처리할 수 있습니다.

프라샤드　중동 비핵지대가 이 지역에 평화 정착 과정을 구축하는 한 가지 방법이라면, 다른 방법으로는 사우디아라비아와 이란이 빅딜을 이루는 게 있습니다. 사우디아라비아와 이란 사이의 반감이 종파 때문이라고 생각하는 건 착각입니다. 이란의 샤가 테헤란에서 통치할 때 샤와 사우디의 군주들은 긴밀한 균형 상태를 이루는데 아무 문제가 없었거든요. 이란 국민들이 국왕을 쫓아내고 이슬람공화국을 만들면서 관계가 결딴났습니다. 이슬람공화국이 사우디 군주정에 정면으로 도전했으니까요. 이번에도 역시 이란과 사우디아라비아 사이에 이런 교섭 의제가 오르락내리락하고 있지만 미국과 이스라엘이 반발하고 있어요.

촘스키　미국의 입장은 아주 분명합니다. 트럼프는 지정학적 업적의 하나인 아브라함협정으로 이런 입장을 실제로 공식화했습니다. 엄밀하게 말하면 이 협정에는 사우디아라비아가 포함되지 않지만 사실상 포함된다고 봐야지요. 이스라엘, 아랍에미리트, 바레인, 모로코 등 중동에서 가장 반동적인 국가들이 맺은 공식 협정입니다. 아랍에미리트, 바레인, 모로코가 이스라엘과 관계를 정상화했습니다. 수단은 이 협정에 참여하지 않으면 다시 테러 국가 명단에 올리겠다고 미국이 위협하자 어쩔 수 없이 참여했습니다. 협정을 마무리하기 위해 아랍에미리트, 모로코와 무기 거래를 했습니다. 협정의 일부로 트럼프는 모로코가 국제법을 위반하면서 서사하라를 차지하는 걸 승인했어요. 모로코는 사실상 인산염을 독점하고 있는데, 인산염은 농업에 절대적으로 필요한 대체 불가능한 광물입니다. 서사하라에 대한 모로코의 인산염 독점 영향력이 더욱 커지게 됐습니다. 아브라함 동맹으로 자원 통제가 군사력 및 기술 역량과 결합됐습니다(군사력과 기술 역량은 주로 이스라엘의 몫이지요). 이집트는 공식적으로는 이 동맹의 일원이 아니었지만, 이스라엘과 개방된 관계를 맺고 있습니다. 이 반동적 국가 동맹은 스티브 배넌의 국제 프로그램의 핵심적 부분이며 가장 반동적인 국가들로 동맹을 만들려는 미국 정책에 안성맞춤입니다. 바로 이런 동맹이 미국 패권의 토대가 되지요.

이 반동적 국가들의 아치 일부는 아브라함 협정 조인국들, 이집트, 사우디아라비아, 오르반의 헝가리, 보우소나루의 브라질, 모디의 인도(세속적 민주주의를 파괴하고 힌두 종족정ethnocracy을 창조하고 카슈미르를 짓밟는 인도는 전형적인 사례지요) 등으로 이루어집니다. 바로 이 동맹이 중동에서는 이란을 겨냥하고 있습니다. 라틴아메리카에서는 쿠바와 베네수엘라를 겨냥하고요. 한편 세계의 모든 지역에서 지역 강대국들이 긴장을 완화하려고 노력하고 있습니다. 사우디아라비아와 이란은 적대감을 줄이고 관계를 회복하려고 움직이고 있어요. 라틴아메리카의 중남미카리브해국가

공동체CELAC에서 새로운 분위기가 생겨나는 게 좋은 사례입니다. 이런 분위기 때문에 이 지역들에서 미국의 정책이 약화될 겁니다. 미국이 이런 시도를 막으려고 기를 쓰는 건 이런 이유지요.

프라샤드   10년 전에 저는 도하에서 카타르 정부의 한 고위 정보 관리와 대화를 나눴습니다. 이란 쪽을 바라보는 절벽 도로를 지나고 있었는데, 실제로 이따금 이란을 볼 수 있었습니다. 그 사람이 저한테 말하더군요. "카타르는 식수 문제가 정말로 심각합니다." 카타르 수돗물의 절반은 담수화를 거쳐 얻어지고 나머지는 대수층(사우디아라비아와 공유)에서 나오거든요. 15년 전, 그러니까 1990년대에 "이란에서 카타르까지 깨끗한 물을 가져오는 송수관을 만들 계획을 세웠다"고 하더군요. 터무니없는 소리처럼 들렸지만 제가 어떻게 알겠습니까? 그런데 그가 말하더군요. "당신은 누가 그걸 막았는지 알지요." 제가 되물었습니다. "그걸 알면서도 왜 좋은 관계를 유지했나요?" 카타르에는 미군이 대규모로 주둔하고 있어서 국가수반이 사실상 미국에 신세를 지고 있습니다. 며칠 뒤 그의 차를 타고 사우디아라비아로 향하는 도로를 달렸는데, 기지에 가까워지자 군인들이 차를 세우고는 도하로 돌아가라고 하더군요. 제가 물었습니다. "당신은 카타르 고위 정보 관리였잖아요?" 그가 웃으며 말하더군요. "그래요. 하지만 여기서 핵심이 되는 단어는 '카타르'예요."

촘스키   그런 식으로 힘을 과시하는 거지요.

리비아

나토의 리비아 공격은 제대로 이해되지 않았습니다.
사실은 나토가 세계에서 어떤 역할을 하는지도
제대로 이해되지 않았습니다.
나토의 전쟁은 끔찍한 실패작으로,
이른바 '아랍의 봄'의 눈금판을 평화적 시위에서 내전으로 바꾸고,
계속해서 제국주의적 공격으로 바꿔 놓았습니다.
나토가 아프가니스탄 전쟁과 리비아 전쟁에 참여한 것은
세계를 통제한다는 그들의 임무를 여실히 보여줍니다.

프라샤드　대규모 시위가 벌어지고 2년쯤 뒤인 2011년, 이집트 카이로 타흐리르광장에서 '아랍의 봄'의 잔해 한가운데를 걷다 보니 현지 과두 집권층과 군 고위 장성, 서구 나라들로 이뤄진 조합은 이집트 같은 나라에서 민주주의 체제가 발전하는 걸 보고 싶어 하지 않는다는 생각이 들었습니다. 가령 이집트에 진정한 민주주의가 이뤄지면 이스라엘과의 평화협정을 철회할 겁니다. 그게 이 나라의 전반적인 분위기니까요. 이집트 민주주의는 아프리카 대륙의 외교 관계에 관한 한 미국이나 사우디아라비아의 지시를 받으려 하지 않을 겁니다.

그런 일이 벌어지는 것 자체가 용납되기에는 너무 심각한 위험으로 보였지요. 미국은 호스니 무바라크 대통령이 군중과 협상하게 만들려고 애썼습니다. 오바마가 보낸 특사 프랭크 위스너 주니어는 타흐리르광장이 인파로 넘쳐날 때 카이로에 도착해서 무바라크에게 민주주의가 진전을 이루는 걸 막기 위해 어느 정도 양보 조치를 하라고 말했습니다. 시위 군중은 용납하지 않았어요. 무바라크는 물러났습니다. 하지만 미국은—막후에서—군부가 통제권을 유지하는 것을 보장하면서 배후 조종했지요. 사회 민주화로 이어질 새로운 헌법 도입 과정이 개시되는 걸 막은 겁니다. 2년 뒤 압델 파타 엘시시 장군이 대통령이 되면서 치부를 가리던 무화과 잎사귀가 떨어졌습니다. 군복은 벗었지만 군부의 권력은 그대로 뒀어요. 이듬해 이집트 내무장관 무함마드 이브라힘은 무심코 한 말로 이집트 통치 엘리트의 의기양양한 태도를 보여주었습니다. "우리는 판사와 경찰, 군대의 삼위일체라는 황금시대를 살고 있다."

더 서쪽에 있는 리비아는 2011년 나토 폭격으로 쑥대밭이 됐는데, 폭격 때문에 가장 반동적인 이슬람주의 조직들이 복귀하고 CIA의 지원을 받은 전력이 있는 군벌이 리비아 국내로 돌아오는 길이 활짝 열렸습니다. 그는 사우디아라비아와 이집트, 프랑스, 러시아의 앞잡이를 자처했지요. 벵가지에 사는 제 옛 친구들이 이 나라로 오지 말라고 경고하기 시작했습니다. 그렇게 경고를 하는 중에 일부는 목숨을 잃었어요. 튀니지와 이집트의 봉기 초기에 선생님은 잇따라 인터뷰를 하시면서 대중 시위의 중요성에 관해 말씀하시면서도 미국이 이 나라들이 민주적인 국가 구조를 만들어내는 방향으로 나아가는 걸 허용하지 않을 거라고 염려하셨습니다. 이집트의 무바라크가 사임하고 한 달 뒤인 2011년 3월에 시작된 나토의 리비아 전쟁으로 민주화의 동학 전체가 진흙탕에 빠져 버렸습니다(시리아의 무장 투쟁은 나토 폭격 며칠 전에 시작됐습니다). 나토의 리비아 공격은 제대로 이해되지 않았습니다. 사실은 나토가 세계에서 어떤 역할을 하는지도 제대로 이해되지 않았습니다. 나토의 전쟁은 끔찍한 실패작으로, 이른바 '아랍의 봄'의 눈금판을 평화적 시위에서 내전으로 바꾸고, 계속해서 제국주의적 공격으로 바꿔 놓았습니다. 2014년, 선생님은 "나토의 공식적인 임무는 세계를 통제하는 것"이라고 말씀하셨습니다. 나토가 아프가니스탄 전쟁(2001)과 리비아 전쟁(2011)에 참여한 것은 세계를 통제한다는 그들의 임무를 여실히 보여주는 듯싶습니다.

촘스키   적어도 1991년 소련이 붕괴하기 전까지는 나토가 존재해야 하는 그럴듯한 이유가 있었습니다. 나토는 이른바 소련의 침략에 맞서 서유럽을 지키는 방위 동맹을 자처했지요. 그런 구실이 얼마나 믿을 만한 것인지 논의할 수는 있지만, 적어도 그 이면에는 합리성의 요소가 있었습니다. 그런데 소련이 붕괴한 뒤 그 구실도 같이 무너졌습니다.

그렇다면 소련이 무너진 뒤, 나토는 과연 무엇일까요? 소련이 붕괴하기 직전에 미국의 조지 H. W. 부시와 제임스 베이커, 독일의 헬무트 콜과 한스-디트리히 겐셔, 소련의 미하일 고르바초프가 소련 이후의 세계가 어떤 모습이어야 하는지를 파악하기 위해 대화를 나눴습니다. 고르바초프의 구상은 통일된 유라시아, 즉 대서양부터 태평양까지를 아우르는 통합된 평화지대였어요. 즉각 제기된 쟁점은 독일을 어떻게 처리할 것인가였지요. 러시아 입장에서 독일은 작은 문제가 아닙니다. 독일은 사실상 지난 한 세기 동안 러시아를 거듭 파괴했기 때문이지요. 만약 독일이 러시아에 대항하는 적대적 군사동맹의 일원이라면 러시아는 커다란 위험에 빠집니다. 부시와 베이커는 독일인들이 대화 내용에 전폭적인 지지를 망설이는 가운데 독일 통일을 호소했고, 고르바초프는 한 가지 양보를 조건으로 삼아 이에 동의했습니다. 나토가 독일 국경 동쪽으로 1인치도 움직여서는 안 된다는 거였지요. 누구도 더 이상 이야기하지 않았습니다. 이런 암묵적 양해는 독일 문서고에서 확인할 수 있습니다. 부시와 베이커는 미군이 구동독으로 이동하기를 원했고 실제로 그렇게 한 반면, 콜과 겐셔는 그런 팽창에 열의를 보이지 않았지요. 고르바초프는 반대했습니다. 하지만 미국은 '이건 신사협정'이라고 말했고, 문서로 남겨놓지 않았습니다. 나토가 동쪽으로 이동하지 않을 것이라고 말하는 문서는 전혀 없어요. "명예를 건 약속을 수용할 만큼 멍청하다면 그건 당신들 문제"라는 함의가 담겨 있지요. 이 논의에 관한 가장 훌륭한 연구는 《국제안보 International Security》에 실린 조슈아 이츠코위츠 시프린슨의 글인데, 그는 부시와 베이커가 고의로 고르바초프를 기만했다고 주장합니다.[21]

그래서 나토는 동독으로 진출했습니다. 클린턴도 같은 방식으로 나토를 동쪽, 러시아 국경 쪽으로 한층 더 팽창시켰습니다. 우크라이나가 1994년에 '평화를 위한 동반자관계Partnership for Peace' 프로그램에 가입했고, 뒤이어 2008년에 미국이 우크라이나에 나토 회원국으로 가입할 것을 제안했습니다(이 제안은 프랑스와 독일이 나서서 막았어요). 러시아가 소련의 몰락으로 약해졌을 때, 러시아인들은 미국이 강요하는 조건들을 수용했습니다. 러시아가 특히 블라디미르 푸틴 정권이 들어서고 다시 힘을 회복하자 미국이 강제한 이 조건들을 더는 수용할 수 없었고, 첨예한 쟁점이 생겨났지요.

나토는 재구성됐습니다. 새로운 임무를 맡아야 했지요. 덴마크 총리를 지낸 안데르스 포그 라스무센이 당시 나토 사무총장이었어요. 2014년 라스무센은 나토의 새로운 역할은 글로벌 에너지 체제를 보호하는 것이라고 말했습니다. 여기서 말하는 '에너지 안보'란 전 세계를 통제한다는 겁니다. 세계 곳곳에 송유관이 깔려 있고 어디에나 해상 운송이 이뤄지고 있으니까요. 나토는 '인권' 개념을 무기화해서 어디든 개입할 수 있는 유일한 권리를 확보했습니다. 개러스 에번스식의 '보호책임', 즉 나토는—지역 기구로서—유엔 안보리 결의안 없이 개입할 권리가 있다는 주장을 활용하는 겁니다. 나토는 결국 미국이지요. 미국이 시작하지 않으면 누구도 나토에서 행동하지 않습니다. 미국이 행동에 나서면 다른 강대국들은 미국과 발을 맞출지 결정할 수 있지요. 결국 핵심 구상은 미국이 글로벌 패권국이 되도록 나토를 재구성하는 거였습니다. 미국은 이미 힘의 측면에서 글로벌 패권국이었지만 이를 공식화한 거지요. 따라서 세계를 통제하는 것이 나토의 공식 임무가 됐을 뿐만 아니라 나토가 미국이 세계를 통제할 수 있도록 해주는 도구로서 재구성된 겁니다.

프라샤드 소련이 붕괴한 뒤 미국이 서유럽 바깥에서 대규모로 개입한 세 사례—즉 유고슬라비아(1999), 아프가니스탄(2001), 리비아(2011)—에서 미국은 직접 개입한 게 아니라 나토의 개입이라는 겉치레를 했습니다. 이라크에서는 나토를 활용할 수 없었어요. 프랑스와 독일이 미국에 동조할 준비가 되어 있지 않았으니까요. 이런 사례들에서 미국이 힘을 행사하는 도구로 나토를 활용한 과정을 설명해주시겠습니까? 유고슬라비아에서 시작해서 리비아까지 이어지는 상황 말입니다.

촘스키 1995년에 이르면 유고슬라비아 현지의 상황이 이미 진정된 상태였습니다. 모든 진영에서 잔학 행위가 있었어요. 보스니아에서는 세르비아인들이 스레브레니차 공격을 벌였는데, 이에 관해서는 정보가 많습니다. 크로아티아인들은 미국의 지원을 받아 공격에 나서서 세르비아인 수십만 명을 (서로 다투던) 영토에서 쫓아냈습니다. 서로 잔학 행위를 벌이는 곳에서 흔히 그렇듯이 추악한 상황이 일종의 타협에 다다랐지요. 그 순간 클린턴이 개입해서 모든 세력을 한데 모아 놓고 데이턴협정을 끌어낼 수 있었습니다. 데이턴협정으로 미국이 유고슬라비아의 지배적 세력으로 우뚝 서게 됐습니다.

유고슬라비아 문제는 부분적으로 미국과 유럽, 즉 독일의 갈등이었어요. 누가 유고슬라비아를 지배할 것인가? 독일인가, 미국인가? 클린턴은 1991년(슬로베니아와 크로아티아가 유고슬라비아 연방에서 탈퇴한 해)부터 데이턴 회담(협정의 주요 항목은 1992년 이래 의제에 올라 있었고 대다수 당사자들이 합의에 다다랐습니다)에 이르는 시점까지 이 분쟁에서 거리를 뒀습니다. 유럽은 현지에 군대를 주둔시키며 평화를 유지하려고 노력했지요. 미국은 현지에 군대를 보내지 않았습니다. 미국은 이렇게 말했어요. '우리는 공중에서 폭격을 할 테고 지상에 군대를 두지 않을 생각이다.' 유럽인들은 그게 마음에 들지 않았습니다. 결국 유럽 군대가 미국의 폭격에 대한 상대 측 보복의 표적이 된다는 뜻이었으니까요. 나토를 엄호물로 활용했기 때문에 미국 내부에서 심각한 반대가 없었습니다. 아프가니스탄에서도 마찬가지였고요. 미국은 나토를 엄호물로 활용해서 전쟁을 벌였습니다.

나토의 리비아 전쟁은 달랐습니다. 이 전쟁은 프랑스가 시작했어요. 리비아에서 내전이 벌어지고 있었는데, 카다피 군대가 반정부 봉기의 중심지인 벵가지에 위협을 가했습니다. 당시에 주요 3국—영국, 프랑스, 미국—은 유엔 안보리 결의안을 밀어붙였고, 러시아도 거부권을 행사하지 않았습니다. 러시아는 결의안을 지지하지 않았지만 그래도 거부하고 나서지 않았습니다. 중국도 그랬고요. 결의안은 제한된 내용이었습니다. 유엔이 분쟁을 축소하기 위해 비행 금지 구역 설정을 승인하고 양쪽이 협상에 나서야 한다는 것이었지요. 카다피도 공식적으로 결의안을 수용했어요. 아프리카연합AU은 교섭으로 나아갈 수 있는 독자적인 안을 내놓았지만 가볍게 무시당했습니다. 아무도 거기에 관심을 기울이지 않았어요. 그러니 아프리카에서 무슨 일이 생긴다 해도 아프리카가 뭐라고 말하겠습니까? 아프리카연합은 찬밥 신세였어요.

프라샤드 아프리카연합이 무시당한 건 의미심장한 부분이지요. 아프리카연합은 2011년 2월 리비아 내전이 시작되는 순간부터 개입했습니다. 하지만 서구 강대국들에게 허를 찔렸을 뿐만 아니라 회원국들 간에도 손발이 맞지 않았어요. 가령 2011년 3월 17일에 아프리카 3개국(가봉, 나이지리아, 남아공)이 유엔 안보리 결의안 1973호에 찬성표를 던졌습니다. "회원국들"이 유엔헌장 제7장에 따라 "필요한 모든 조치"를 취하도록 한 결의안입니다. 이 결의안은 사실상 미국이나 프랑스, 또는 두 나라가 함께 나토의 깃발을 내걸고 리비아를 폭격하는 걸 허용하는 내용이었지요. 세 나라는 결의안에 반대표를 던지거나 최소한 기권할 수 있었지만, 그 대신 찬성표를 던졌습니다(안보리 15개국 중 브라질과 독일, 인도, 중국, 러시아는 기권했고, 반대표를 던진 나라는 하나도 없었습니다). 이들은 아프리카 이웃 나라에 대한 제국주의적 공격을 엄호해준 셈입니다. 이틀 뒤인 3월 19일 프랑스가 리비아 폭격을 이끌었습니다.

폭격이 시작된 바로 그날, 아프리카연합의 리비아 문제 고위급 특별

위원회—이틀 전에 결의안에 찬성표를 던진 남아공의 제이콥 주마 대통령도 포함돼 있었습니다—는 모든 세력이 전투를 멈추고 리비아에서 정치 개혁을 추진할 것을 호소하는 코뮈니케를 발표했습니다. 코뮈니케의 논조는 낡은 것이었어요. 코뮈니케가 발표될 무렵에 이미 폭격이 시작된 상태였으니까요. 어쨌든 여기서 아프리카연합은 상당히 중요한 발언을 했는데, 이에 관해서는 아무런 논평도 없었습니다.

고위급 특별위원회 위원들은 앞서 합의한 대로 2011년 3월 20일에 리비아를 방문해서 당사자와 만날 수 없다는 점에 대해 유감을 표명하는 바이다. 위원회는 유엔 안보리 결의안 1973호(2011)에 따라 위원들이 임무를 수행하기 위해 탑승하는 리비아 항공편에 대해 필요한 허가를 요청했다. 하지만 위원회는 허가를 받지 못했다.

코뮈니케의 핵심 문장은 수동태로 씌어 있습니다. 누가 '허가'를 내주지 않은 걸까요? 공식적으로 분명히 밝혀진 바가 없습니다. 하지만 당시 관리들에게 들은 바로는 나토 사령부로부터 폭격이 진행될 예정이기 때문에 리비아로 가는 항공편의 안전을 보장할 수 없다는 통고를 받았다고 합니다. 다시 말해, 서구는 아프리카연합이 나토 폭격으로 전쟁이 고조되기 전에 분쟁 당사자들을 한 자리에 모으기 위해 '모든 조치'를 취하는 것을 막았습니다. 아프리카연합 대표단은 리비아 트리폴리에 가지 못하다가, 결국 4월 11일 제이콥 주마가 다섯 명으로 구성된 방문단을 이끌고 가서 카다피와 대화를 나눴어요. 리비아가 계속 폭격을 당하는 가운데 카다피는 아프리카연합의 평화 로드맵에 동의했습니다. 카다피와 만난 주마는 카다피가 반군 지도부와 벵가지에서 합의에 도달하는 즉시 휴전을 시행하기로 했다고 언론에 밝혔습니다. 하지만 나토의 공중 엄호를 등에 업은 반군 지도부는 벵가지를 방문한 아프리카연합 대표단의 제안을 거부했어요.

3월에 벵가지로 달려간 프랑스 철학자 베르나르-앙리 레비가 반군 지도부 분파들을 불러 모아 3월 10일에 프랑스 대통령 니콜라 사르코지와 회동하게 한 반면, 아프리카연합 지도부는 그들과 제대로 된 대화도 나누지 못한 사실은 의미심장합니다. 그런데 이 벵가지 지도부는 페르시아만의 아랍 통치자emir들에게 재무 상담을 해주는 고문들과 수십 년간 서구에서 살아온 리비아 사업가들로 이루어져 있었어요. 사르코지는 벵가지 지도부에게 만약 프랑스가 적절한 유엔 안보리 결의안을 끌어내지 못하면—일주일 뒤에 얻어내지요—영국과 합세해서 유럽연합이나 아랍연맹, 아프리카연합 같은 지역 기구들을 엄호물로 삼아(개러스 에번스 공식이지요) 리비아를 공격하겠다고 말했습니다. "내 결심은 확고하다"고 사르코지는 큰소리쳤습니다. 리비아를 폭격한다는 결정은 교섭 채널이 막히기 훨씬 전에 이뤄진 겁니다.

국제앰네스티—도나텔라 로베라가 이끕니다—는 폭격이 미친 영향에 관해 중요한 지상 수준ground level의 연구를 수행하면서 나토 폭격으로 무수히 많은 민간인이 사망하고, 나라의 기반시설이 깡그리 무너지고, 국가 기관이 보수 불가능할 정도로 손상을 입었음을 발견했습니다(2012년 3월에 나온 핵심적인 보고서는 〈나토 공습의 잊힌 희생자들The Forgotten Victims of

NATO Strikes〉입니다). 나토는 카다피가 상당한 지지를 누리는 지역들을 폭격했는데, 결국 민간인을 보호하기 위해서만이 아니라 카다피를 지지하는 민간인을 공격하기 위해서도 폭격을 한 겁니다. 이런 폭격은 유엔 안보리 결의안 1973호에 정면으로 위배되는 거지요.

촘스키　프랑스는 안보리 결의안 1973호를 위반하고 반정부파 쪽의 공군이 됐습니다. 영국도 그 뒤를 따랐지요. 프랑스는 왜 그렇게 움직인 걸까요? 흔히 그렇듯 가식이 있었습니다. 베르나르-앙리 레비의 열정적이지만 공허한 발언처럼, 인권을 보호해야 하며 프랑스의 영광을 재연해야 한다는 거지요. 그런 가식이야 무시할 수 있습니다. 우리는 프랑스 문서 기록을 볼 수 없지만, 아마 그들의 동기는 북아프리카와 서아프리카에서 입지를 강화하는 거였겠지요. 프랑스가 핵발전소를 운영하기 위해 우라늄을 추출하는 니제르도 포함해서요. 또한 프랑스는 과거 식민지 유산에 관해 환상을 가지고 있기에, 이 전쟁은 다른 식민 전쟁과 비슷했습니다. 잔인하고 가혹했지요. 영국도 마찬가지였고, 뒤이어 오바마도 자신의 말처럼 뒤에서 이끌면서 합류했습니다. 영국과 미국은 손을 잡고 유엔 안보리 결의안을 위반했습니다. 두 나라 역시 반정부파의 공군이 되어 전선에서 한참 먼 정부 표적을 폭격했기 때문입니다. 아프리카연합이나 유엔 어느 쪽의 교섭도 허용되지 않았어요. 나토가 지원하는 반정부 세력은 더 많은 영토를 정복하면서 마침내 카다피가 숨어 있는 시르테까지 도달해서 그를 잔인하게 살해했습니다. 힐러리 클린턴은 당시 카다피를 살해한 것을 위대한 승리라고 치켜세운 것으로 유명하지요. 제국의 지배자다운

천박한 발언입니다.

리비아는 서로 교전하는 민병대 집단들이 통제하는 영역으로 나뉘었고, 엄청난 사상자가 발생하고, 나라가 산산조각이 나고, 국민들은 비탄에 빠졌습니다. 나토가 폭격을 하지 않았더라면 과연 벵가지에서 사상자가 이렇게 심각하게 발생했을까요? 그건 알 수 없지만, 지금 우리가 알 수 있는 건 전쟁의 참화가 예상한 것보다 훨씬 극심했다는 사실입니다. 아프리카연합이 막을 수도 있었던 폭격 때문입니다. 북아프리카 지역 전체가 전쟁의 부정적인 영향을 피부로 느꼈습니다. 리비아로부터 북아프리카와 서아프리카로 엄청난 규모의 무기가 쏟아져 나와 이슬람국가ISIS와 그 분파들을 비롯한 온갖 종류의 테러 집단으로 들어갔어요. 말리와 나이지리아를 강타한 이 전쟁들 때문에 이주민 물결이 생겨서 리비아와 유럽으로 향했습니다. 유럽의 식민 지배가 아프리카에 남긴 재앙에서 도망쳐 유럽으로 향하던 이주민 대열에 합류했지요. 이언 어비나가 《뉴요커》에 쓴 기사를 보면 유럽연합의 지원으로 리비아 해안선에 세워진 끔찍한 강제수용소의 현실을 생생하게 느낄 수 있습니다. 리비아 범죄 조직이 운영하는 수용소에 유럽으로 도망치려는 난민들을 모아 놓고 있어요.²² 지중해로 가지 못하게 수용소에 가둬두는 겁니다. 유럽과 미국은 이주민들이 리비아로 가기도 전에 막으려고 사헬 지대에 군사기지를 두고 있습니다. 이주민들이 지중해까지 가면 유럽에서 적어도 공식적으로는 법적 문제가 생기거든요. 강제 송환refoulment(박해하는 나라로 난민을 돌려보내는 것) 금지 때문에 이주민을 거부할 수 없으니까요. 강제 송환은 국제법에서 심각한 범 죄이기 때문에 유럽 해역에 다다른 난민은 받아들여야 합니다. 유럽은 이런 상황을 막는 동시에 유럽이 법을 준수하는 점잖은 지역이라는 이미지를 유지하기를 원합니다. 이를 위해 유럽인들은 이른바 리비아 해안경비대에 예산을 지원하는데, 경비대는 기본적으로 조폭 집단입니다. 이 집단에 유럽인들이 선박과 장비, 돈을 주는 거지요. 따라서 유럽은 난민들을 끔찍한 강제수용소로 보내거나 난민들이 도저히 살 수 없어서 도망쳐 나온 고국으로 돌려보냅니다(이 나라들이 살 수 없는 곳이 된 것도 주로 수백 년에 걸쳐 유럽이 아프리카를 황폐하게 만든 결과지요). 오늘날 리비아가 이런 상황입니다.

현재 정부를 자처하는 두 집단이 있습니다. 튀르키예가 지원하는 트리폴리 정부는 유엔의 인정을 받는 정부이고, 하프타르의 정부는 러시아(와 사우디아라비아)가 지원합니다. 어떻게 보면 정부가 두 개 있는 것 같지만, 사실 리비아는 전쟁과 폭력이 판을 치는 재난 지대입니다. 나토의 개입은 리비아에 파괴적인 영향을 미쳤는데, 이것이 지역 전체와 중동으로까지 퍼지고 있습니다.

프라샤드 나토 폭격이 시작된 뒤 정점에 이르고 몇 달간 서서히 줄어든 직후에 많은 사람들—유엔 사무국, 인권 단체, 언론인 등—이 민간인 사상자 수를 정확히 집계하고자 나토에 폭격 일정을 자세히 공개해달라고 요청했습니다. 유엔은 안보리 결의안 1973호에 관한 보고서를 작성하는 의무가 있었으니까요. 유엔은 국제 리비아 조사위원회를 구성하고 캐나다 법률가 필리프 커시를 위원장에 앉혔습니다. 커시는 2003년부터 2009년까지 국제형사재판소 초대 소장을 지냈기 때문에 국제법과 전쟁범죄에 관해 어느 정도 식견이 있었지요. 위원회는 나토에 리비아 폭격에 관한 세부 사항을 제공할 것을 요청했습니다. 2012년 2월 15일, 나토의 대표 검사 피터 올슨은 위원회에 보낸 답장에서 나토는 유엔 결의안의 문구를 위반하지 않았다고 말했습니다. 올슨의 말에 따르면, 카다피는 "국제법을 중대하게 위반"했지만 나토는 그러지 않았다는 겁니다.

> 하지만 만약 "나토 사건"이 위원회가 최종적으로 법률을 위반하거나 범죄에 해당한다고 결론 내릴 행위들과 동등하게 위원회 보고서에 포함된다면, 우리는 우려할 수밖에 없습니다. 이 문제와 관련해서 우리는 위원회의 임무가 "법률 위반과 …… 범죄 행위에 관한 …… 사실과 정황"을 논의하는 것이라고 봅니다. 따라서 우리는 위원회가 나토가 리비아에서 한 행동에 관한 논의를 포함시키기로 결정하는 경우에 그 보고서에서 나토가 의도적으로 민간인을 표적으로 삼지 않았고 리비아에서 전쟁범죄를 저지르지 않았음을 분명히 언급할 것을 요청하는 바입니다.

나토는 당연히 "의도적으로 민간인을 표적으로 삼지 않았고" 따라서 "전쟁범죄를 저지르지 않았"으므로 어떤 조사도 필요하지 않다. 사건 종결. 이런 식입니다.

촘스키   올슨의 말이 맞아요. 그게 자명한 이치지요. 나토는 결국 미국이고, 미국은 정의상 전쟁범죄를 저지를 수 없습니다. 국제법의 기준에서 보더라도 미국은 전쟁범죄를 저지를 수 없어요. 과거에 세계법원world court의 사법권에 동의했을 때, 미국은 자기만큼은 유엔헌장이나 미주 기구OAS헌장에 구속되지 않는다는 단서 조항을 삽입했습니다. 미국이 1946년에 "사법권 수용"의 일부로 삽입한 문구입니다. 이게 현대 국제법의 토대지요. 미국은 곧바로 유엔헌장이나 미주기구 헌장에 구속되지 않는다는 내용을 삽입했기 때문에 전쟁범죄, 심지어 제노사이드를 저질러도 법적으로 문제가 되지 않습니다. 미국은—상원에서 37년간 싸운 끝에—1988년 제노사이드협약에 서명했을 때 이 협약이 미국에는 적용되지 않는다는 단서 조항을 추가했습니다. 1999년 유고슬라비아가 나토를 상대로 제기한 소송을 평가한 국제사법재판소는 미국을 제외해서 기소받지 않도록 했습니다. 유고슬라비아의 기소에 "제노사이드"라는 단어가 포함됐는데, 미국은—법률에 따라—제노사이드를 실행할 자격이 있으니까요. 전반적으로 보면, 미국은 법에 따라 어떤 범죄든 저지를 수 있고 국제 사법 체계는 이를 받아들여야 합니다. 세계법원이 '만약 어떤 나라가 법원의 판결에 종속되지 않는다면 그 나라를 기소할 수 없다'는 조건을 수용하기 때문이지요. 따라서 올슨의 말이 맞습니다. 미국을 뜻하는 나토는 정의상 전쟁범죄를 저지를 수 없어요.

프라샤드 로스쿨의 국제법 전문가들을 제외하면 대다수 사람들은 세계의 규칙에서 미국만 예외를 허용하는 이 단서 조항에 관해 아무것도 모를 겁니다. 학교나 대학에서 이런 내용을 가르치지 않고 언론에서도 토론을 제기하지 않으니까요. 이 문제에 관한 문해력 수준은 거의 의도적으로 낮게 유지되고 있습니다. 그런데 요즘 미국에서 다양한 학파가 문제를 제기하고 있습니다. 비판적 인종 이론과 종족 연구가 두 사례지요. 이런 학파는 반미주의로 간주되어 공식적으로 억압받는 형편입니다.

촘스키　일반 대중은 이 문제에 관해 전혀 몰라요. 교육 제도에 포함되지 않으니까요. 누군가 감히 이 문제를 교육 제도로 끌고 들어오면 반미 공산주의자라고 사방에서 비난을 받을 겁니다. 1960년대에 다양한 단체들이 활동을 벌인 결과로 미국이 더욱 문명화되고, 아프리카계 미국인, 여성, 노동자의 권리에 관심을 기울이고, 표현의 자유에 관한 논의의 문을 열기 시작했습니다. 이 쟁점들이 의제 전면에 내세워지면서 미국 사회에 커다란 문명화 효과를 끼쳤습니다.

　자유주의 지식인들은 이때를 문명의 시대가 아니라 "소란의 시대"(이 진영에서 흔히 쓰는 문구지요)라고 봤습니다. 1973년 데이비드 록펠러는 북아메리카, 서유럽, 일본의 성원들을 불러모아 삼각위원회Trilateral Commission를 구성했습니다. 국제 엘리트, 자유주의 지식인 여론을 대표하는 이들이었지요(카터 행정부를 구성한 게 바로 그들입니다). 위원회에서 첫 번째로 나온 간행물이 《민주주의의 위기*The Crisis of Democracy*》(1975)입니다. 1960년대에 벌어진 사태들을 비난하는 엘리트의 자유주의적 견해입니다. 이 새로운 운동들이 민주주의의 위기를 초래했다는 거지요. 원래 수동적이고 순종적인 이 "특수이익집단들special interest"—청년, 노인, 여성, 노동자, 농민, 소수자—이 자신들의 관심사와 요구를 들고 공적 무대에 진입하기 시작했습니다. 위원회는 국가가 이런 압력에 대처할 수 없기 때문에 이 특수이익집단들은 다시 순종과 수동성의 세계로 돌아가야 한다고 말했습니다. 그래야 진정한 민주주의를 이룰 수 있다는 거였지요. 이 연구서의 공저자 중 한 명인 하버드 정치학 교수 새뮤얼 헌팅턴은 일찍이 해리 트루먼 시절에 미국은 월스트리트와 대기업 부문이 아무 간섭 없이 나라를 운영할 수 있기 때문에 진정한 민주주의라고 말했습니다. 헌팅턴은 1960년대에 국민적 합의를 혼란스럽게 만든 특수이익집단의 시끄러운 소음이 없는 민주주의를 원한 지도적인 자유주의 지식인이었습니다. 헌팅턴의 이론에 새로울 것은 없었어요. 일반적인 자유주의, 민주주의 이론이니까요. 삼각위원회는 대학과 교회가 "젊은이를 교화"하는 책임을 다하지 못했다고 우려했습니다. 대학과 교회가 젊은이들에게 수동성과 순종의 교의를 주입하는 데 실패했기 때문에 삼각위원회가 나서서 그런 상황을 바꿔야 했지요. 실제로 대학은 이후 더 효과적인 통제와 교화를 행사하는 쪽으로 대대적으로 변신하면서 교과 과정과 교수진에 그들의 비즈니스 모델을 부과했습니다. 이런 자유주의 극단이 이후 수십 년간 강화되는 신자유주의적 공격의 문화적 배경을 형성합니다. '대중적 저항의 저장소를 파괴하라. 노동조합과 정치 단체를 파괴하라.' 최고 부유층과 대기업 부문이 마음 내키는 대로 행동할 권리에 누구도 간섭할 수 없었습니다.

《민주주의의 위기》가 나왔을 때, 저는 곧바로 MIT 도서관에 그 책을 십여 권 구입해 두라고 요청했습니다. 누구든 실제로 읽기도 전에 절판될 거라고 직감적으로 느꼈거든요. 실제로 그렇게 됐습니다. 이 책은 순식간에 절판됐어요. 세월이 흘러 사람들이 그 책의 함의를 잊어버리고 난 뒤, 다시 출간되어 이제 사볼 수 있습니다. 하지만 적어도 MIT 학생들은 저 같은 전복 세력을 통해 구해서 볼 수 있었지요. 대대적인 문화적 변화가 이런 식으로 이루어집니다. 지금 여기서 이야기하는 것들을 아무도 배우지 못하게 하기 위해 효과적인 교화가 이루어져야 했습니다. 지금 제가 한 이야기는 이런 자료를 찾을 수 있는 방법만 안다면 공공 기록에서 다 찾아볼 수 있는 내용입니다. 하지만 미국에서 이런 문제가 논의되는 강의를 찾으려면 열심히 뒤져야 할 겁니다.

프라샤드 신문 1면이나 방송의 주요 기사에서 등장하는 정치적 난투의 밑바탕을 이루는 쟁점을 다루는 진정한 논의를 찾기는 거의 불가능합니다. 예를 들어, 지중해 전역에서 난민 사태가 일어난다는 기사나 우크라이나 국경에서 나토-러시아가 교착 상태라는 기사, 이란과의 핵 합의를 둘러싸고 빈에서 교섭이 진행 중이라는 기사가 나옵니다. 하지만 이것들은 전부 서로 연결된 기사예요. 간단히 말하면, 미국이 강요한 충돌 때문에 유럽은 에너지원 세 곳을 잃었습니다. 2006년부터 시작된 제재 체제 때문에 이란을 잃고, 2011년 나토가 전쟁을 벌이면서 원유 기반시설 전체와 원유 소유권의 법적 토대가 파괴된 탓에 리비아를 상실하고, 2014년 우크라이나를 둘러싸고 벌어진 충돌 때문에 러시아를 잃었습니다. 유럽은 천연가스와 석유 자원을 잃었어요. 유럽은 자신의 이익을 지켜야 한다는 걸 완전히 망각한 것 같습니다.

촘스키 리비아의 사례는 예측할 수 없는 거였지요. 유럽은 리비아를 파괴하리라고 예상하지 않았습니다. 리비아에는 달콤한 석유가 있거든요.

석유에 접근하기도 쉽고 유럽과 가깝습니다. 리비아 석유를 확보하는 건 분명 나토 개입의 목표였습니다. 하지만 유감스럽게도 일이 틀어졌지요. 이란의 경우 유럽은 시장을 확보하기를 원했지만, 더 중요한 고려사항이 생겼습니다. 핵심은 유럽이 미국과 대결하려는 마음이 없다는 겁니다.

2차대전 이래 유럽은 이 문제를 안고 있어요. 유럽에서는 독자적 행보로 나아가려는 시도들이 있었습니다. 샤를 드골이 이런 시도를 했고, 동방정책Ostpolitik—서독이 동구에 내민 올리브 가지지요—도 이런 방향으로 나아가는 시도였습니다. 하지만 언제나 반발에 부딪혔고, 유럽의 지배계급—재계, 정치 엘리트—은 결국 언제나 미국에 복종하고 미국 체제의 일원이 되기로 결정했습니다. 통일 유라시아를 창조한다는 고르바초프의 구상은 실현 가능성이 없었어요. 압도적 힘을 보유한 미국이 유럽 지배계급의 독자적인 이익을 지지하지 않았으니까요. 유럽은 확실히 독자적인 금융 시스템을 발전시켜 미국의 금융 네트워크 지배에 도전할 수 있는 역량이 있지만, 그건 아주 다른 종류의 세계입니다. 미국이 영국을 비롯한 대서양 강국(가령 캐나다)들과 손을 잡고, 유럽은 러시아, 중국과 연결되면서 세계가 각기 다른 블록들로 해체된다는 의미입니다. 유럽의 지배계급은 한 번도 그런 해체를 원하지 않았습니다. 유럽의 기업 부문은 미국과 워낙 긴밀하게 얽혀 있어서 거의 분리할 수 없을 정도니까요.

유럽의 지배계급 내에서, 그리고 유럽 각국과 각 부문의 지배계급 내에서 이를 둘러싸고 끊임없는 갈등이 존재합니다. 러시아와 독일을 잇는 천연가스관인 노르트스트림2Nord Stream 2의 경우에 분명히 알 수 있지요. 독일 지배계급의 큰 분파들은 러시아에서 들어오는 가스관을 원합니다.

미국은 이를 가로막으려 하고, 미국에 의존하는 유럽 일부 나라들도 막길 바라지요. 미국과 유럽, 에너지 사이의 관계는 전후 시기까지 거슬러 올라갑니다. 2차대전 이후 가동된 마셜플랜은 큰 틀에서 보면 미국이 유럽을 석탄이 아니라 석유에 의존하도록 바꾸려는 프로그램이었습니다. 유럽에 석탄은 풍부했지만 석유는 전혀 없었지요. 유럽이 석유에 기반을 두게 되면서 미국은 유럽에 대해 "거부권"(특히 일본과 관련해서 조지 케넌이 사용한 구절입니다)을 행사할 수 있게 됩니다. 미국이 유럽의 에너지 공급을 통제하니까요. 마셜플랜 자금의 10퍼센트—약 12억 달러—가 미국 은행들 사이에서 옮겨져서 유럽을 석유 기반 경제로 전환시켰습니다. 이 석유는 미국이 아니라 중동에서 나오는 거였지요. 1950년에 이르면 유럽 석유 수요의 85퍼센트가 중동에서 공급됐고, 미국은 중동을 지배하면서 수익을 뽑아냈어요. 같은 과정이 일본에도 강요됐습니다. 서유럽과 일본이 석유 기반 경제로 전환하자 미국은 그 나라들에 대해 거부권을 갖게 됐습니다. 즈비그뉴 브레진스키는 미국의 이라크 침공에 반대한다고 말했지만, 그래도 어쨌든 전쟁이 벌어지는 이상 미국이 이라크 석유를 통제하고 유럽에 대한 영향력을 높일 것이라고 봤습니다. 예나 지금이나 이런 식의 사고는 지배계급의 고려와 동떨어진 게 아니지요.

유럽은 스스로의 힘으로 독립하기보다는 일관되게 미국에 종속되는 쪽을 선택했습니다. 물론 유럽은 혼자 설 수 있습니다. 미국보다 인구와 부가 더 많고, 고등교육을 받은 인구도 많으니까요. 만약 유럽이 독립한다면, 세계 체제는 급진적으로 방향을 전환하게 될 겁니다.

취약한 미국 패권

미국의 힘이 점차 취약해지는 동시에
중국이 자신감을 갖고 등장했습니다.
미국이 중국에 강제하는 하이브리드 전쟁은
서구 기업들이 특히 첨단기술 부문에서
중국 기업들의 역동적 성장에 대항할 수 없다는
전반적인 좌절감의 표현입니다.
이건 존재 자체를 건 충돌이기 때문에
철수가 불가능한 물러날 수 없는 싸움입니다.
우크라이나 전쟁 이후
유럽은 미국의 안보 우산 아래 숨는 쪽을 선택한 반면,
나머지 세계는 이 새로운 상황을 비동맹과 다극화의 새로운 단계를
가속화할 수 있는 계기로 보는 것 같습니다.

프라샤드   러시아가 우크라이나를 침공했을 때 미국은 독일에 압력을 가해 천연가스 수입을 금지하고 노르트스트림2 가스관 승인을 막으려 했습니다. 독일 총리 올라프 숄츠는 가스 수입을 금지하면 독일이 끔찍한 불황에 빠질 거라고 말했지요. 독일이 처음에 노르트스트림2 가스관을 놓고 미적거린 데는 상업적, 지정학적 이유가 있습니다. 가스관과 그 부설에는 스위스와 중국을 비롯한 많은 나라의 기업들이 참여하고 있어요. 유럽으로 오는 천연가스의 가스전은 '시베리아의 힘2Power of Siberia 2' 가스관을 통해 중국에도 가스를 공급할 예정입니다. 결국 러시아는 유럽 시장에 의존할 필요가 없을 겁니다. 러시아는 '제재에도 끄떡없는' 경제를 만들려고 하면서 중앙은행 준비금의 달러 비중을 줄일(유로, 금, 위안화의 비중을 늘릴) 뿐만 아니라 러시아 국채의 서구 보유에 대한 의존도 감축하려고 합니다. 물론 이 덕분에 러시아가 제재와 미래의 외부적 충격, 갑작스러운 매각에 덜 취약해지고 있습니다. 여기서 핵심 단어는 "덜"입니다.

러시아가 우크라이나를 침공한 뒤 가해진 제재는 러시아만이 아니라—러시아 경제에 통합된—중앙아시아 국가들에도 영향을 미쳤고, 우크라이나와 러시아는 세계의 주요 곡물 공급국이기 때문에 세계 식량 시스템에도 영향을 미쳤지요. 유럽에 기반한 스위프트SWIFT(국제은행간통

신협정. 외국환 거래의 데이터 통신망을 구축하기 위해 설립된 기구. 전 세계 209개국 1만 1000여 개 이상의 금융기관을 연결해 데이터와 메시지를 전송한다.—옮긴이) 네트워크를 대체하는 해외 송금 시스템을 창설하려는 시도나 위안화 보유 등 전쟁 전 러시아의 새로운 시도는 냉전 당시 적수였지만 지금은 긴밀한 동맹자인 러시아와 중국의 관계가 점차 탄탄해진 결과물입니다. 양국의 관계는 미국이 지배하는 일극 체제보다는 다극세계가 필요하다는 공통의 인식에 더해 지난 수십 년간 나타난 상호 무역과 안보 이익에 바탕을 둡니다.

미국의 힘이 점차 취약해지는 동시에 중국이 자신감을 갖고 등장했습니다. 지금까지 중국의 과학기술 산업이 활황을 누리고 코로나19 사태에서 회복한 것은 좋은 예이지요. 미국이 중국에 강제하는 하이브리드 전쟁은 서구 기업들이 특히 첨단기술 부문에서 중국 기업들의 역동적 성장에 대항할 수 없다는 전반적인 좌절감의 표현입니다. 나토는 '글로벌 나토'라는 새로운 브랜드 정체성을 표명하기 시작했지요. 이 새로운 브랜드의 일부로 나토는 자신의 주적이 중국이라고 주장하고 있습니다. 이건 존재 자체를 건 충돌이기 때문에 철수가 불가능한 물러날 수 없는 싸움입니다. 나토는 한창 러시아와 위험한 대결을 벌이고 있고, 중국 주변에 군사기지를 구축하고 북극권을 군사화하면서 중국을 상대로 심각한 대결을 고조시키는 중입니다.

촘스키　음, 러시아와 중국은 1960년대 내내 불구대천의 원수였지요. 사실 두 나라는 서로 전쟁까지 벌이면서 기다란 국경을 중무장 요새화했습니다. 하지만 지난 수십 년 동안 러시아와 중국은 한결 협조적인 관계를 발전시켰어요. 중국은 중앙아시아, 아프리카, 그리고 가능한 대로 라틴 아메리카까지 중국에 기반을 둔 체제로 통합하려 하고 있습니다. 상하이 협력기구SCO가 이런 발전을 위한 공식적 틀이고, 일대일로가 상업적 축이지요. 상하이협력기구에는 현재 중앙아시아 모든 국가와 러시아, 인도, 파키스탄, 이란이 참여하고 있는데, 조만간 아프가니스탄이 들어올 테고 튀르키예에 이어 동유럽과 중유럽도 아우르는 것을 목표로 삼고 있습니다. 미국이 회원국도 아닌 참관인 자격을 신청했다가 거절당했지요. 상하이협력기구는 고르바초프가 상상한 방식대로 유라시아 네트워크를 구축하는 중입니다. 만약 중국이 일대일로와 노르트스트림2를 통해 유럽 강국들을 이 네트워크로 통합할 수 있다면, 그리고 러시아와 계속 협력할 수 있다면 장기적으로 우리는 그러한 대륙적 통합을 볼 수 있을 테지요.

중국은 동남아시아와 아프리카에 새로운 중국식 기술을 훈련시키기 위한 직업학교 1000개를 세우고 있습니다. 이 나라들의 발전을 중국에 기반을 둔 일대일로 체제로 통합하는 효율적인 기술이 될 겁니다. 중국은 세계의 극빈 지역에 나라들의 경제에 걸맞은 가격으로 기술을 공유하는 중입니다. 중국은 로봇공학, 녹색에너지, 통신 등에서 선도적 기술을 발전시키고 있어요. 공교롭게도 이 문제는 저와 직접적인 관련이 있습니다. 제가 사는 곳은 농촌에 가까워서 인터넷 서비스가 아주 열악합니다. 화웨이 기술을 도입할 수 있다면 5G 인터넷이 깔릴 거예요. 우리는 태양광 패널도 시급하게 필요한데, 기술적으로 가장 뛰어나고 값이 싼 제품이 중국산이에요.

중국 지도자들은 자국의 해상 무역로가 일본에서 말라카 해협 너머까지 압도적 미국 군사력의 지원을 받는 적대적 강대국들에게 둘러싸여 있음을 익히 알고 있습니다. 따라서 중국은 광범위한 투자와 통합을 향한 신중한 움직임을 통해 서쪽으로 팽창하는 중입니다. 중국은 옛 실크로드의 현대판을 까는 중입니다. 이 지역을 중국의 영향력 아래 통합할 뿐만 아니라 유럽과 중동의 산유 지역까지 도달하는 게 목표예요. 중국은 광대한 고속철도와 송유관·가스관을 갖춘 아시아의 통합된 에너지·상거래 시스템을 만드는 데 막대한 액수를 쏟아 붓고 있습니다. 이 프로그램의 한 요소는 세계 최장의 산맥을 관통해서 파키스탄 과다르를 중국이 새로 개발하는 항구까지 고속도로로 잇는 겁니다. 이 고속도로가 생기면 미국이 간섭할 걱정 없이 안전하게 원유를 수송할 수 있으니까요.

중국과 파키스탄은 또한 이 프로그램을 통해 파키스탄의 산업 발전을 자극하고 파키스탄이 국내 테러리즘을 엄중 단속하는 유인이 생기기를 기대합니다. 미국은 파키스탄에 군사 지원을 대규모로 하면서도 산업 발전을 등한시했지요. 또한 신장 자치구 서부에서 파키스탄의 테러리즘은 심각한 문제거든요. 과다르는 중국이 꿰는 '진주 목걸이string of pearls'의 일부가 될 겁니다. '진주 목걸이'란 상업적 목적뿐만 아니라 가능하면 군사적 용도로도 쓸 수 있도록 인도양을 따라 건설하는 물류 기지를 일컫는 표현입니다. 언젠가는 중국이 근대 이후 처음으로 멀리 페르시아만까지 힘을 투사할 수 있을 것이라는 기대가 담긴 구상이지요.

중국의 이 모든 움직임은 아직까지 워싱턴의 압도적인 군사력—미국 자신까지 파멸하게 될 핵전쟁에 따른 절멸까지 포함해서요—에 아랑곳하지 않으며 진행되고 있습니다. 2015년 중국은 자신이 대주주를 맡는 아시아인프라투자은행AIIB을 설립했습니다. 2015년 6월 베이징에서 열린 창립식에 56개국이 참여했는데, 미국의 동맹국인 오스트레일리아와 영국 등도 워싱턴의 기대를 저버리고 참석했습니다. 미국과 일본은 참석하지 않았지요. 일부 분석가들은 이 은행이 결국 미국이 거부권을 가진 브레튼우즈 기관들(IMF와 세계은행)의 경쟁자가 될 것이라고 봅니다. 상하이협력기구가 결국은 나토의 대립물이 될 것이라고 예상하는 이들도 있습니다.

아프가니스탄 문제로 돌아가 보면, 이 나라의 거대한 위기를 다루는 두 가지 접근법이 있습니다. 미국의 접근법은 아프가니스탄을 봉쇄하는 겁니다. 상하이협력기구에서 내놓은 다른 방법은 이 나라를 대규모 유라시아 체제로 통합하는 겁니다. 그들은 이렇게 말합니다. '현재 탈레반이 집권 정부다. 우리는 그들과 대화해야 한다. 우리는 그들이 좀 더 포용적으로 바뀌고, 행동을 누그러뜨리도록 유도하고자 한다. 서구로 수출하는 헤로인 생산에서 풍부한 광물 자원을 채굴하는 쪽으로 경제가 바뀌기를 기대해보자. 우리 중국이 그 자원을 기꺼이 활용할 것이다. 우리는 그런 방향으로 움직이면서 인도적 위기를 종식시키기 위해 즉각 구호를 제공할 것이다.'

따라서 미국의 계획은 중국의 발전을 저지하는 겁니다. 트럼프에 이어 바이든이 추진한 많은 정책은 중국의 발전이라는 위협을 봉쇄하려는 것이었어요. 그들은 지금도 계속 스파이웨어가 심어져 있다는 이유로 화웨이 기술을 금지하려고 합니다. 그들은 미국에 기반을 둔 기술이 걸핏하면 스파이웨어에 감염될 수 있다는 걸 상상도 할 수 없지요(이따금 발각되는 것처럼, 미국은 유럽 동맹국들의 통신을 감시하고요). 중국은 기술 발전을 포기하기를 거부합니다. 중국은 쉽게 겁먹지 않고 명령에 따르지 않습니다. 쿠바와 비슷하지만 훨씬 강한 나라지요. 바로 이런 게 미국에게 문제가 됩니다. 자칫하면 전쟁으로 이어질 수도 있어요. 당신이 말한 것처럼, 정말 전쟁으로 이어진다면 사실상 인류 전체의 종말이 될 겁니다. 세계가 살아남으려면 미국과 중국이 협력하는 수밖에 없습니다.

미국은 중국이 '규칙 기반 질서'를 거스른다고 비난하지만, 사실 세계 질서 구상 두 개가 의제에 올라 경쟁하고 있다는 걸 유념해야 합니다. 미국이 지지하는 '규칙 기반 질서'는 "미국의 말을 따르는 게 규칙을 따르는 것"이라고 세계 체제를 정의합니다. 다른 하나는 유엔 기반 국제 질서인데, 유엔헌장에 바탕을 둔 이 체제는 중국도 지지하고 종종 따르고 있지요.

프라샤드 군사비를 계속 늘리는 미국은 중국이 세계체제를 위협한다고 말합니다. 스톡홀름국제평화연구소SIPRI의 추정치에 따르면, 미국은 2020년에 최소한 7780억 달러를 군사비로 지출한 반면 중국은 2520억 달러를 썼습니다. 굳이 이 수치를 1인당으로 환산하거나 역사적인 누적 군사비를 계산할 필요도 없습니다. 미국이 중국보다 무기 지출이 훨씬 많으니까요. 그런데도 서구의 전반적인 담론에서는 중국을 위협으로 꼽지요.

촘스키 《뉴욕타임스》의 손꼽히는 군사 통신원인 데이비드 생어와 윌리엄 브로드는 미군이 중국의 군사력 증강에 대해 느끼는 우려를 설명합니다.[23] 중국은 자국 앞바다에 배치된 미국의 미사일 방어망을 위협하고 있고, 미국이 보유한 핵미사일 수에 비해 극소수에 불과한 핵미사일을 만드는 중입니다. 이 보도에는 뭔가 빠진 게 있어요. 미국이 미사일 방어 시스템만 가진 게 아닙니다. 중국 동부 연안은 중국을 겨냥하는 핵미사일을 갖춘 미군 기지들로 둘러싸여 있어요. 어떨까요? 중국인들이 이런 현실을 우려할까요? 만약 중국이 미국을 겨냥하는 핵미사일을 갖춘 기지 수십 개를 태평양이나 대서양 연안에 두면 우리는 우려를 느낄까요? 이런 기지들이 신경 쓰일까요? 음, 신경 쓰이지 않을 겁니다. 그런 일이 생기지 않도록 세계를 파괴할 테니까요. 하지만 이런 현실은 언급조차 되지 않지요. 언급되는 거라곤 중국이 자국 앞바다에서 우리의 방어 수단을 위협하고 있다는 얘기뿐입니다. 편집장한테 편지를 보내는 독자도 없어요. 당연한 거니까요. 우리는 중국에 핵미사일을 겨눠서 우리를 지킬 권리가 있습니다. 트라이던트 미사일을 탑재한 미국 핵잠수함 1척이면 세계 어느 곳에서든 도시 200개를 날려버릴 수 있습니다. 잠수함 1척으로요. 구식 취급받는 잠수함인데 말이지요. 따라서 미국은 더 첨단의 잠수함과 미사일 시스템을 새로 구축해야 합니다. 그게 누군가에게는 위협으로 보일까요? 아니요. '세상에 어떻게 그럴 수 있을까요? 우리는 신적인 존재입니다. 어떻게 그 누가 우리에게 위협을 느낄 수 있나요?'

미군은 핵전쟁과 기후 재앙을 통한 파멸로 우리를 몰아가는 중입니다. 우리는 지구를 몇 번이고 파괴할 수 있다는 사실에 만족하지 못해요. 이제 우리는 군사적 야망을 우주로 확대해야 합니다. 모든 미국 행정부가 군사비를 늘립니다. 누구도 감축하지 않아요. 군사비를 조금만 줄여도 다 망가진 사회 기반시설에 투자하고 필수적인 사회적 수요를 충족시키는데 충분합니다. 그런데 군사비는 건드릴 수가 없어요. 거의 초현실적인 거지요. 미사일을 예로 들어봅시다. 전략 분석가라면 누구든 육상 발사 미사일이 적보다는 그것을 보유한 나라에 더 큰 위협이 된다는 걸 압니다. 미국은 1000기 정도의 육상 발사 미사일을 보유하고 있어요. 이건 전부 표적입니다. 어떤 적이든 그 미사일들이 어디에 있는지 몇 킬로미터 범위까지 정확히 알아요. 위협이 커지면 적이 이 미사일들을 파괴할 수 있어요. 미군 사령부도 이를 잘 알기 때문에 '사용하지 않으면 사라지는use them or lose them' 미사일이라고 부릅니다. 곧바로 발사하지 않으면 적의 공격에 파괴되니까요. 결국 세계 어딘가에서 긴장 상태가 생기면 미사일을 발사할 수밖에 없습니다. 미사일을 사용하면 보복 공격으로 우리도 파괴되지요. 미국은 현재 육상 발사 미사일 시스템을 업그레이드하는 중입니다.

우리가 보유한 미사일을 그냥 파괴하는 게 미국의 안보에 커다란 이익이 될 겁니다. 상호 파괴할 필요도 없어요. 러시아가 피해를 자초하고 싶다면 그냥 내버려둡시다. 육상 발사 미사일을 계속 보유하겠다면 그렇게 하라고 해요. 우리가 일방적으로 파괴하기만 해도 이득이에요. 하지만 미국은 정반대로 미사일 시스템을 업그레이드하고 있지요. 펜타곤이 현명하기는 해요. 이 육상 발사 미사일을 농촌 지역에 골고루 배치하고 있는데, 많은 지역에서 현지 의원들이 미사일 배치를 보장하고 있습니다. 지역사회에 일자리 몇 개를 던져 주니까요. 특히 신자유주의 세계화가 덮친 결과로 미국 농촌이 파괴되는 가운데 의원들은 미사일 기지를 고집합니다. 결국 지역 차원에서 '최대한 우리 자신을 위험에 빠뜨리자'고 말하는 세력이 존재하는 겁니다. 화석 연료 회사나 은행을 건드릴 수 없는 것처럼, 군대도 건드릴 수 없어요. 아시겠지요? 제도의 실패가 굉장히 심각하기 때문에 당장 극복하지 못하면 우리는 그냥 끝장나는 거예요. 이렇게 결딴난 사회에서 살아남을 수는 없습니다. 불가능해요.

프라샤드　우리가 사는 세계는 정말 결딴나는 단계에 접어들었습니다. 2022년 2월 러시아의 우크라이나 군사 개입으로 다이얼이 절멸에 더 가깝게 돌아가고 있습니다. 막연하나마 핵전쟁에 관한 이야기까지 나오고 있어요. 물론 이 전쟁은 앞선 다른 전쟁들처럼 끔찍합니다. 제2의 냉전이라고 할 만한 인류의 국제적 분열이 다시 모습을 드러냈지요. 이라크와 예멘에 가해지는 잔인한 폭력은 안중에도 없는 파란 눈과 금발의 백인들은 이런 분열을 해볼 만한 싸움이라고 보는 것 같습니다.

촘스키　아프가니스탄을 잊어선 안 돼요. 수백만 명이 기아 일보 직전인데, 미국은 아프가니스탄의 자금을 강탈하고 은행 계좌가 있는 사람들이 그 돈을 인출해 식료품을 사는 것도 못하게 합니다. 20년 동안 이 나라를 먼지 나도록 두들겨 팬 끝에 말이에요. 지금 벌어지는 범죄 가운데서도 가장 잔인한 짓입니다.

프라샤드　공정한 질문을 해보자면, 그것은 이 전쟁이 세계질서를 뒤바꿀 잠재력이 있는지, 아니면 이미 작동 중인 변화, 즉 유럽의 대미 종속과 중국-러시아의 연계 강화를 가속화할 뿐인지에 관한 게 되겠지요.

이 전쟁이 야기할 많은 결과 가운데 두 가지는 분명합니다. 하나는 미국이 유럽의 종속적 지위를 부활시킬 수 있다는 겁니다. 나토─운전석에는 미국이 앉아 있지요─가 정책을 좌지우지하는 가운데 현재 유럽의 공동외교안보정책CFSP을 통해 대륙 차원에서 '드골주의'를 추구한다는 이야기는 쏙 들어갔습니다. 마스트리히트 조약(1993)과 암스테르담 조약(1997)을 통해 유럽의 독자적인 외교정책을 만들어내려는 시도가 있었습니다. 하지만 이런 시도는 미국이 주도한 나토의 유고슬라비아 전쟁(1999) 때문에 무위로 돌아갔지요. 이 전쟁으로 독일의 야심이 억제되고 유럽의 정책은 나토 본부, 더 나아가 미국의 정책에 속박됐습니다. 나토의 아프가니스탄 전쟁(2001~2021)과 리비아 전쟁(2011) 때문에 유럽의 외교정책에 대한 미국의 통제권이 더욱 강화됐습니다. 리스본 조약(2007) 이후 유럽연합은 공동외교안보정책 고위 대표를 만들었지만, 역할은 여전히 상대적으로 미약합니다(이란과의 교섭에서는 예외였는데, 여기서 유럽연합은 주로 미국의 주장을 내세웠습니다). 러시아의 우크라이나 전쟁 시기에 유럽의 외교정책은 독자적으로 발전하지 못한 채 계속해서 여전히 미국의 정책에 속박될 겁니다. 그 대가─식료품과 에너지 가격 인상─는 유럽 국민들이 치르겠지요.

촘스키　두 번째 결과로 넘어가기 전에 1999년 나토의 유고슬라비아 전쟁이 러시아에 실질적인 전환점이 되었다는 점을 지적할 필요가 있습니다. 미국에 얽매인 유럽이 정당한 이유 없이 침공을 한 셈인데, 이 침공을 둘러싸고 이루어진 믿기 힘든 거짓말은 지금까지도 계속되고 있지요.

프라샤드　두 번째 결과는 중국뿐만 아니라 러시아가 만들어낸 제도적, 무역적 연계가 가속화될 거라는 점입니다. 무엇보다도 중국과 러시아가 지난 10년간처럼 계속 긴밀한 관계를 발전시킬 겁니다. 그런데 남반구에서 다극화와 비동맹을 향한 지향이 커지면서 이전에는 인식되지 않던 영역에서도 이들의 연결이 외부로 열릴 겁니다. 이미 전쟁에 관한 첫 번째 유엔 총회 표결에서 남반구 상당수가 러시아 비난에 대해 기권했지요. 인도 같은 나라들은 원래 미국과 가까워야 하는데 러시아와 유대를 끊는 걸 거부했어요. 여러 모순이 드러남에 따라 여기서도 다른 흥미로운 상황들이 펼쳐지고 있습니다. 에너지 가격을 낮추기 위해 이란과 베네수엘라에 대한 미국의 제재를 완화하라는 압력이 가해지고, 페르시아만 나라들이 중국, 러시아와 연계를 강화하는 가운데 아랍에미리트와 시리아가 새롭게 손을 잡고 있지요. 유럽은 미국의 안보 우산 아래 숨는 쪽을 선택한 반면, 나머지 세계는 이 새로운 상황을 비동맹과 다극화의 새로운 단계를 가속화할 수 있는 계기로 보는 것 같습니다.

촘스키　맞아요. 러시아는 중국의 궤도에 한결 가까이 휘말려 들어갈 겁니다. 결국 지금보다도 훨씬 더 쇠퇴하는 원료 생산 도둑정치kleptocracy 국가가 될 가능성이 커요. 중국은 아랍에미리트를 지나서 중동으로 나아가는 '해상 실크로드'인 일대일로 계획과 상하이협력기구에 근거한 발전-

투자 체제로 점점 더 많은 세계를 통합하는 프로그램을 지속할 겁니다. 미국은 자신이 비교우위를 누리는 무력으로 대응할 것으로 보입니다. 지금 당장에는 군사기지와 동맹으로 중국을 '포위'하면서 중국과의 경쟁을 기본 틀로 삼아서 미국 경제를 개선하려는 바이든의 프로그램이 여기에 포함됩니다. 지금 우리 눈앞에서 펼쳐지는 광경이지요.

이 전쟁이 가져올 가장 중요한 결과는 아직까지 거의 논의되지 않고 있는데, 기후 파괴, 즉 인간(과 우리가 제멋대로 짓밟는 수많은 다른 생물 종)의 조직된 삶의 종말이라는 완전한 재앙을 피할 미약한 희망마저—어쩌면 영원히—저지된다는 겁니다. 전쟁이 한창인 가운데 유엔 기후변화협약은 세계 각국 정부가 기후 변화를 1.5도로 제한한 파리 협정에서 정한 목표를 전혀 달성하지 못하고 있음을 보여주는 중간 보고서를 발표했습니다. 유엔 사무총장 안토니우 구테흐스는 이 보고서가 "우리 지구에 보내는 적색 경고"라고 말했습니다. 신문들은 이 경고를 1면에 싣지 않았어요. 이제 화석연료 회사 중역들은 거리낌 없이 전면적 파괴를 벌이면서 군수업체들보다도 희희낙락하고 있습니다.

게임이 끝난 건 아니에요. 아직 급격하게 방향 전환을 할 시간이 있습니다. 그 수단도 알고 있고요. 의지만 있으면 우리는 재앙을 피하면서 훨씬 더 나은 세계로 나아갈 수 있습니다.

노엄 촘스키와 함께 글쓰고 대화한 30년

　얼마 전에 오래된 상자 몇 개를 뒤적거리다가 1990년대 초반부터 노엄 촘스키와 주고받았던 편지를 발견했다. 노엄이 자신과 이야기를 나누려고 찾아오는 누구든 반갑게 맞이하는 MIT(미국 매사추세츠주 케임브리지)의 연구실에서 잠깐 만난 뒤 내가 편지를 보냈었다. 여러 모로 철두철미한 민주주의자인 노엄은 내 출신지를 물으면서 내가 태어난 인도 콜카타시에 아는 언어학 교수들이 있다고 말해주었다. 우리는 당시 내가 인도 북부의 달리트(흔히 불가촉천민이라고 부르는 인도 카스트의 최하층민.-옮긴이) 집단에 관해 진행하던 연구와 1991년 인도 경제가 개방 또는 자유화된 결과로 달리트 노동자들이 모순적 압력에 시달리는 상황에 관해 이야기했다. 나중에 내가 이런 주제들에 관해 글을 썼다고 알리는 편지를 보내자 촘스키는 글이 무사히 출간되기를 바란다면서 완성본을 하나 보내 달라고 했다. 내가 글을 보내자 그는 글에 관한 자신의 생각을 담은 답장을 보냈다. 그는 내 글을 꼼꼼히 읽은 게 분명했고, 내가 비공식 이주 노동자들에 관해 펼친 논점과 델리와 그 주변의 노동자들과 인터뷰하면서 발견한 내용의 정치적 함의를 두루 고찰했음을 알 수 있었다. 노엄 촘스키—"바로 그" 노엄 촘스키—가 내 연구에 그토록 많은 관심을 기울이고 있으며, 아무런 공식적이고 제도적인 연계가 없음에도 그가 내게 조언을 해주었다는 걸 도무지 믿을 수 없었다.

타이핑된 편지마다 그가 세계의 이런저런 지역에서 어떤 시간을 보내고 있는지에 관한 이야기가 담겨 있었다. 1996년 내가 인도 비상사태 (1975~1977)에 관해 쓴 논문을 보내자 그는 "방금 전에 인도에서 돌아온 터라 여느 때보다 더 관심 있게 보았다"는 답장을 보냈다. "콜카타 외곽 시골에서 하루를 보내면서 주로 서벵골과 케랄라에서 일하는 농업경제 학자인 친구(V. K. 라마찬드란)와 재무장관(알고 보니 MIT 경제학과 졸업생이었지요)의 안내로 자치 마을들을 방문했습니다." 좌파전선이 서벵골주에서 정부를 구성해서 아심 다스굽타가 재무장관을 맡고 있던 때였다. "아주 매혹적이고 인상적이군요. 그곳에서 1970년대에 무자비한 탄압이 있었다는 이야기는 많이 들었는데, 제가 실제로 아는 건 전혀 없었습니다. 분명 이 투쟁은 인도 헌법의 지방자치panchayat 조항이 드물게 실행되는 중요한 사례였습니다." 내가 보낸 논문은 나중에 《사회과학자Social Scientist》(1996)에 실렸는데, 촘스키는 이 글에서 내가 델리의 슬럼가 철거에 관한 자료를 읽고 있음을 눈치 챘다. "1972년에 인도를 찾았을 때 우연히 그런 곳을 보았습니다. 네루 기념 강연을 비롯해서 델리에서 여러 차례 강연을 했지요. 그곳 시내에는 거대한 무단 점거촌이 있더군요. 언젠가 호텔에서 다른 곳으로 대담을 나누러 가던 길에 차로 지나치는데 없더군요. 사라졌

172
물러나다

어요. 무슨 일이 생긴 건지 묻자 슬럼가가 철거되고 사람들이 멀리 떨어진 농촌으로 강제이주를 당했다고 하더군요. 아시아 박람회가 열릴 예정인데 외관상 좋지 않다는 이유에서였습니다. 그게 전부 민주주의 시기에 벌어진 일입니다!" 1990년대 초에 나는 시골에 있던 재정착촌으로 이후에 델리의 핵심 지역이 된 곳에서 논문을 위한 연구의 일부를 진행했다. 바로 그곳이 1993년에 이어 2020년에 다시 벌어진 반무슬림 폭력 사태(내가 직접 목격했다)의 진원지였다.

1996년 튀르키예 동남부에서 새롭게 벌어진 폭력 사태를 보도하기 위해 잠깐 그 나라를 방문했을 때, 나는 그에게 편지를 쓰면서 《프런트라인》에 실린 내 기사 몇 개를 동봉했다. 촘스키는 《프런트라인》과 인터뷰도 하고 몇 차례 표지를 장식하기도 한 터라 이 격주간지를 잘 알았다(나도 직접 인터뷰를 한 적이 있다). 튀르키예에 관해 의견을 나눴는데, 편지에 대화의 일부가 남아 있다. 지금도 기억이 생생한데, 그가 어려운 맥락을 꼼꼼하게 설명해줬을 뿐만 아니라 튀르키예 국가와 쿠르드족의 관계, 그리고 엄청나게 복잡한 튀르키예 민족주의에 관해 맥락적 평가를 알려주었기 때문이다. 1922년 오스만 제국이 붕괴하면서 등장한 민족적 기획은 새로 세워진 튀르키예 공화국이 종족 및 시민의 문제와—일부분은 제노사이드 폭력을 통해—타협한 결과물이었다. 두 가지 지점을 강조하는 게 중요하다: 그는 안전하게 잘 다니라고 세심하게 조언했고(그의 마음 씀씀이에 크게 감동했다), 당시 내가 만들어내던 마감 기한이 존재하는 저널리즘에서 맥락화가 얼마나 중요한지를 짚어주었다. 첫 번째 정치 저서(《미국의 권력과 새로운 관료들》)부터 촘스키는 미국의 힘을 세세한 재생산 과정이 아니라, 촘스키의 언어학 표현을 빌리자면, 그 생성문법을 이해하고자 하는 장기적 관점에서 파악했다. 이런 맥락화, 즉 역사적 동학과 권력의 사회학의 측면에서 현재 진행되는 사태를 파악하는 습관은 우리가 동시대를 이해하는 데 노엄 촘스키가 가장 크게 기여한 부분이다. 다시 말해, 수많은 국제관계 학자들과 달리, 그는 사건과 과정을 이해하는 토대로 이런저런 모델을 고집하지 않았다. 대신에 그는 유연한 방법론을 활용해서 우리 시대에 관한 이론(역사 그리고 권력의 사회학에 뿌리를 둔)을 만들었다. 우리 둘이 이런저런 평가에서 엇갈리는 경우도 있지만, 내가 페루에서 아프가니스탄에 이르기까지 언론인으로서 기사를 보도하는 방식을 규정한 것은 바로 이러한 촘스키의 현실 이해 모델이다.

많은 지식인들이 현실의 이런저런 측면에 대해 대단히 비판적인—가령 각국 정부가 에너지 대기업과 공모해서 지구를 파괴하는 방식이나 정부가 국민을 대하는 방식에 비판적인—입장을 발전시켰다. 하지만 미국의 지배계급이 조직하고 이끄는 세계에서 가장 강력한 집단에 맞서는 입장을 확고하게 지키는—촘스키를 필두로 한—지식인은 거의 없다. 미국이 인도차이나 전쟁을 확대하는 것과 거의 동시에 그는 미국 지배계급의 '대부'식 태도를 낳은 구조적 원인에 대한 이해를 정교하게 발전시켰다. 그 후 수십 년간 그는 미국 지배계급이 폭력적으로 힘을 행사하는 것을 근본적으로 경멸하는 태도를 한 번도 버리지 않았다. 항아리평원(라오스, 1970)이나 가자지구(팔레스타인, 2012) 등 세계 곳곳에서 미국의 무력 행사 속에서 살아남은 생존자들과 긴밀하게 만나면서 이런 경멸이 몸에 밴 것이다. 이 책 서두에서 촘스키가 말한 것처럼, 이런 장소를 방문할 때마다 세계를 바라보는 그의 시각이 강해지고 이 용감한 사람들에 대한 헌신도 깊어졌다. 촘스키의 세계 이론은 MIT 도서관에서만 발전한 게 아니라 디야르바키르(튀르키예)와 카라카스(베네수엘라) 같은 곳을 방문하면서 더욱 정교해졌다. 그가 만나 동행한 사람들은 미 제국주의로부터 피해를 입은 그들 스스로의 관점으로 세상을 보았다. 미국에서 멀리 떨어진 나라들에서 촘스키의 저작을 그렇게 꼼꼼히 읽고, 2006년 유엔 총회에서 베네수엘라 대통령 우고 차베스가 촘스키의 《패권인가 생존인가》(2003)를 치켜든 데에는 다 타당한 이유가 있다.

그의 독자들은 최신 학문 연구와 공개적으로 입수할 수 있는 정부 문서, 현장의 사회정치 운동에서 일일이 직접 모은 정보 등 방대한 양의 자료를 종합하는 그의 능력과 학식에 경탄한다. 1999년 내가 콜롬비아에 관한 기사를 《프런트라인》에 보도한 뒤, 촘스키는 이런 편지를 보냈다. "리카르도가 준군사조직이나 마약 밀매업자들과 정권의 연계에 관해 콜롬비아무장혁명군FARC에 제공한 문서에 특히 관심이 갑니다. 그게 공개된 건가요? 구할 수 있어요? 그런 문서는 들어보지 못했는데 말이지요." 그가 말하는 빅토르 리카르도는 당시 콜롬비아 정부의 평화위원이었고, 그가 보유한 문서는 그해에 보고타에서 읽을 수 있었다. 나 같은 활동가와 언론인들이 보내준 문서들을 꼼꼼히 읽은 촘스키는 미국 정부가 모든 반정부 세력에 대항하도록 콜롬비아 정부—준군사조직 및 마약 밀매업자들과 깊숙이 공모하고 있었다—에 자금과 무기를 대주는 정책인 플랜콜롬비아Plan Colombia를 강력하게 비판하는 논리를 세울 수 있었다(이런 평가는 《불량 국가》[24]에 실렸다). 에두아르도 갈레아노가 콜롬비아 '민주주의'

를 '민주독재democradura'라고 지칭하는 것도 놀랄 일은 아니다(촘스키가 하비에르 히랄도가 쓴 《콜롬비아: 제노사이드 민주주의》 서문에서 사용한 표현이다). 촘스키의 견해는 워싱턴에서 나온 게 아니다. 주변부에서 벌어지는 사태를 연구한 결과로 세워진 워싱턴에 "관한" 견해다. 그가 워싱턴을 공격하는 건 내부의 분열 때문이 아니라 워싱턴이 추구하는 정책—이 경우에는 플랜콜롬비아—이 멀리 떨어진 보통 사람들—이 경우에는 콜롬비아 농민—에게 갖는 함의 때문이다. 노엄 촘스키의 "입장"을 규정하는 것은 바로 이런 농민들에 관한 정보, 그것도 농민들한테서 나오는 정보다.

여러 이유 때문에 그가 피도 눈물도 없는 분석가라는 평이 많다. 법의학처럼 정보를 냉정하게 분석하고 최대한 무미건조하게 정보를 전달하기만 해도 독자의 통찰력을 일깨우는데 충분하다고 고집하기 때문이다. 촘스키는 강연을 할 때 연단을 두드리거나 발을 구르지 않는다. 오직 사실만을 나열하고, 이런 사실들이 그의 지적 무기고에서 날카로운 칼로 벼려진다. 하지만 그가 다루는 건 단순한 사실이 아니다. 사람들이 그 존재조차 알지 못하는 곳에서 사실을 읽고 찾도록 배웠기 때문에 발굴한 사실이며, 또한 조작된 동의라는 안개 때문에 거의 알려지지 않은 세계에 관한 이론으로 이 사실들을 묶어낼 수 있기 때문에 정리해낸 사실이다. 하지만 노엄 촘스키의 이야기를 주의 깊게 듣는다면, 엄청난 유머 감각—화성 출신 언론인이 컬럼비아에 왔다고 상상하면 된다—을 경험하고 오늘날의 세계가 돌아가는 방식에 대한 그의 분노를 느낄 수 있다. 그는 나토의 유고슬라비아 전쟁 당시에 내게 보낸 편지에서 '미치광이들'이라고 말했다. 코소보 현지에서 학살을 가속화하는 워싱턴의 전쟁 주창자들을 달리 표현할 언어가 없었다. 그런 분노 감각은 이 책을 형성하는 대화에서도 분명히 드러난다. 촘스키는—사실적 문체에서도—아프가니스탄, 이라크, 리비아 등지의 사람들에게 닥친 잔학 행위에 강렬한 분노를 느끼면서 허심탄회하게 이야기한다. 촘스키의 엄청난 본보기는 제국주의 희생자들의 목소리에 주의 깊게 관심을 기울이고 그들의 인류애와 투쟁을 진심으로 받아들이는 그의 태도가 낳은 결과물임을 독자 여러분이 알아주기를 바란다.

MIT의 빌딩20에 있는 촘스키를 방문하는 일은 언제나 특별한 경험이었다. 그와 나누는 대화뿐만 아니라 건물 그 자체 때문이기도 했다. 2차대전 중에 임시로 지어진 빌딩20은 1998년에 철거되어 스트라타센터에 자리를 내줄 때까지 MIT 언어학 교수 연구실이 있던 곳이다. 건물 자체가 멋진 분위기를 풍겼는데, 가장 복잡하고 정교한 기술을 공부하는 캠퍼스 속 소박하고 꾸밈없는 구조물이었기 때문이다. 건물은 언어학 자체를 뒤바꾸는 돌파구를 연 저명한 연구자인 촘스키 자신의 태도를 반영하는 듯 보였다. 전문적인 내용이 담겨 있어서 훈련을 받아야 해독할 수 있는 그의 언어학 저술은 읽기가 어렵다. 하지만 세계에 관한 저술에서 촘스키는 이런 분위기를 풍기지 않으며 대단히 민주적인 문체와 형식을 구사한다. 학계는 다양한 전공의 협소성 때문에 전문화와 불투명한 언어를 장려하는데, 촘스키는 일단 언어학 분야를 벗어나면 그런 것들을 치워버리고 민주적 소통의 본보기를 보여주면서 사회 변화를 추구하는 운동을 위해 방대한 지식과 지혜를 제공한다. 물론 촘스키는 자신이 그런 유일한 지식인은 아니라고 말하지만—그의 말이 옳다—, 물론 그렇다고 해서 그가 제공하는 게 줄어드는 것은 아니다.

1988년 언론인 글렌 프랭클은 《워싱턴포스트》에 에드워드 사이드와 크리스토퍼 히친스의 《피해자 비난하기*Blaming the Victim*》에 관한 서평을 썼다. 촘스키의 글이 한 편 실린 책이었다. 프랭클은 촘스키의 글이 "숨이 막힐 정도로 제정신이 아니"라고 평했다. 촘스키는 이런 반응을 보인다. "나는 그런 걸 좋아한다. '숨이 막힐 정도'라는 평은 틀렸지만—글을 읽어 보면 꽤나 평온하다—'제정신이 아닌' 건 맞다. 기본적인 도덕에 근거한 뻔한 소리를 받아들이고, 묘사해서는 안 되는 사실을 묘사하려면 제정신이 아니어야 한다. 그건 맞다(《미디어 콘트롤》[25], 2002)." 여기서 우리는 예리한 유머감각과 인기 없는 사실을 고수하는 고집, 불의에 반대하고 평등을 추구하는 도덕적 입장을 볼 수 있다. 촘스키의 핵심이라고 할 수 있다.

노엄 촘스키는 미국 정부가 늘어놓는 거짓말과 전 세계 보통 사람들의 희망을 예리한 펜으로 서술해왔다.

내가 그를 처음 접한 건 콜카타의 부모님 책장에 꽂혀 있던 《미국의 권력과 새로운 관료들》(1969)을 통해서였다. 지금은 인도공산당(마르크스주의) 지도자인 이모 브린다 카라트가 아버지에게 준 책이었다. 이 책에 관한 재미있는 이야기가 하나 있다. 당시 에어인디아에서 일하면서 항공사의 복장 규정을 바꾼 항의 시위를 주도한 바 있는 이모와 형이 미국의 베트남 전쟁에 반대해서 런던에서 열린 많은 시위 중 하나에 참가했다. 런던에 간 아버지가 이모가 형을 시위에 데리고 나갔다고 화를 냈다. 아버지와 이모는 말다툼을 벌였다. 그러고는 이모가 촘스키 책을 꺼내 자기 이름이 적힌 속표지를 잘라내고 아버지에게 사랑과 정성을 담아 선물했다. 아버지는 런던에서 그 책을 가지고 돌아왔다. 그로부터 몇 년 뒤 나는 아버지가 아끼는 책들 바로 옆에 눈에 띄게 꽂혀 있던 그 책을 발견했다. 그 책장에 있던 책들은 전부 읽었기 때문에 그 책도 읽었다(앤서니 샘슨의 《대부업자들 *The Money Lenders*》과 《누가 석유를 지배하는가》[26] 같은 책들이었다). 책에 나오는 헌정사를 보면서 곰곰이 생각에 잠겼던 기억이 난다. "범죄적 전쟁에서 복무하기를 거부하는 용감한 젊은이들에게 바친다." 콜카타는 독특한 도시였다. 미국과 영국 영사관이 있는 거리가 호치민 거리로 이름이 바뀐 상태였고, 1970년대 초 내내 그곳에서 걸핏하면 시위가 벌어졌다. 촘스키의 책은 그가 1970년에 북베트남을 방문했을 때 만난 베트남인들과, 전쟁을 거부하고 반전 투쟁에서 일익을 담당한 미국 젊은이들, 그리고 호치민 거리 입구인 초링기 같은 곳에서 전쟁에 반대하는 구호("너의 이름, 나의 이름, 베트남, 베트남")를 외치던 이들과 연대하는 책이었다.

지금까지 나는 오랜 여정을 걸었다. 공모의 유혹과 용감한 헌신 사이에서 춤을 추는 지식인들에 관한 촘스키의 글을 읽고, 미 제국주의에 관한 촘스키의 글을 읽고, 중동에 관한 촘스키의 글을 읽고, 중앙아메리카에 관한 촘스키의 글을 읽고, 동티모르에 관한 촘스키의 글을 읽고, 유고슬라비아에 관한 촘스키의 글을 읽었다. 촘스키에게 지리학과 윤리학을 배웠다. 그런 배움은 《물러나다》라는 결과물을 낳은 대화를 나누는 동안에도 내내 계속되었다.

비자이 프라샤드

미 주

1 [한국어판] 놈 촘스키 지음,《촘스키의 통사구조》, 장영준 옮김, 알마, 2016.

2 [한국어판] 노엄 촘스키 외 지음,《냉전과 대학》, 정연복 옮김, 당대, 2001.

3 "Reflections on a Political Trial," *New York Review of Books*, 1968년 8월 22일자.

4 *New York Review of Books*, 1967년 12월 7일자.

5 [한국어판] 놈 촘스키 지음,《9-11》, 이종삼·박행웅 옮김, 김영사, 2001.

6 Rodric Braithwaite, "New Afghan Myths Bode Ill for Western Aims," *Financial Times*, 2008년 10월 15일자.

7 Noam Chomsky, "What Americans Have Learnt—and Not Learnt—Since 9/11," *The Age*, 2002년 9월 7일자.

8 Samuel Huntington, "The Lonely Superpower," *Foreign Affairs*, 1999년 3·4월호.

9 [한국어판] 노엄 촘스키 지음,《패권인가 생존인가》, 오성환·황의방 옮김, 까치, 2004.

10 "Confiscating Solar Panels from Palestinians in August Is Abuse," *Haaretz*, 2021년 8월 22일자.

11 [한국어판] 노엄 촘스키·에드워드 S. 허먼 지음,《여론조작》, 정경옥 옮김, 에코리브르, 2006.

12 Armando Chaguaceda and Coco Fusco, "Cubans Want Much More than an End to the U.S. Embargo," *New York Times*, 2021년 8월 7일자.

13 Russell Baker, "A Heroic Historian on Heroes," *New York Review of Books*, 2009년 6월 11일자.

14 Knut Royce, "Secret Offer: Iraq Sent Pullout Deal to U.S.," *Newsday*, 1990년 8월 29일자.

15 Patrick Tyler, "Confrontation in the Gulf: Arafat Eases Stand on Kuwait–Palestine Link," *New York Times*, 1991년 1월 3일자.

16 Thomas Friedman, "Vote France Off the Island," *New York Times*, 2003년 2월 9일자.

17 Richard A. Oppel Jr., "Early Target of Offensive Is a Hospital," *New York Times*, 2004년 11월 8일자.

18 "Iraq War Illegal, Says Annan," *BBC*, 2004년 9월 16일자.

19 [한국어판] 마이클 왈저 지음,《마르스의 두 얼굴》, 권영근·김덕현·이석구 옮김, 연경문화사, 2007.

20 "One Way Forward on Iran: A Nuclear-Weapons-Free Persian Gulf," *New York Times*, 2021년 6월 12일자.

21 Joshua Itzkowitz Shifrinson, "Deal or No Deal? The End of the Cold War and the U.S. Offer to Limit NATO Expansion," *International Security*, 제40권 제4호(2016년 봄).

22 Ian Urbina, "The Secretive Prisons that Keep Migrants Out of Europe," *New Yorker*, 2021년 11월 28일자.

23 David Sanger and William Broad, "As China Speeds Up Nuclear Arms Race, the U.S. Wants to Talk," *New York Times*, 2021년 11월 28일자.

24 [한국어판] 노엄 촘스키 지음,《불량 국가》, 장영준 옮김, 두레, 2001.

25 [한국어판] 노엄 촘스키 지음,《노암 촘스키의 미디어 콘트롤》, 박수철 옮김, 모색, 2003.

26 [한국어판] 앤써니 샘슨 지음,《누가 석유를 지배하는가》, 김희정 옮김, 책갈피, 2000.